AF595275

PRIX: UN FRANC
Le Monologue
RECUEIL
de
32 Monologues
CHOISIS
pour SALONS et SOCIÉTÉS
Monologues comiques, militaires
Poésies et Pièces à dire
Conférences burlesques, etc.
G. DAMBUYANT
Éditeur
4, Faubourg Montmartre
PARIS

MONOLOGUES CHOISIS

pour Sociétés et Salons

Pour JEUNES GENS et pour JEUNES FILLES

Pouvant se dire devant n'importe quel public.

Monologues comiques, militaires

Poésies et Pièces à dire, Conférences burlesques, etc.

G. DAMBUYANT

Éditeur

4, Faubourg Montmartre, 4

PARIS

Hommage à Monsieur le Général LYAUTEY,
Résident général du Maroc, Membre de l'Académie Française

Léon BOUREAU

Le Meunier-Poète

Photo G. Dambuyant

MENABAH

(15 Avril 1908)

Pour que ceux qui viendront gardent leur mémoire,
Le souvenir des morts et l'orgueil de la gloire,
J'écris ce seul nom : MENABAH
On en cite, parfois, de plus connus, sans doute :
Austerlitz ou Wagram ou Leipzig... Mais je doute
Qu'il en soit de plus fiers que ce nom de combat !...

Menabah n'est qu'un coin perdu parmi le sable,
Là-bas, au Sud, vers le Maroc... Il est probable
Que maintes gens l'ont ignoré...
Mais ce serait un crime, aujourd'hui, de l'omettre
Sur la carte d'Afrique, où chaque jour vient mettre
Un peu des trois couleurs sur le sable doré...

Ce jour-là, nos soldats ont surtout mis du rouge
Sur la terre assoiffée et qui buvait, la gouge...
Ce rouge, ils l'ont fait de leur sang !
Ah ! c'était de beau sang de héros, je le jure !
Et ceux qui de leurs corps ont fait cette teinture,
Pour mener le quadrille étaient dix contre cent !

*
**

Voici le fait :
C'était au soir du quinze avril...
Sur la piste, dont le soleil faisait un gril,
Cinq cents de nos soldats s'avançaient en colonne...
Trois cents de la Légion... Permettez que je donne
Leur nom; car, pour eux tous, ils n'en avaient qu'un seul,
De même que leurs morts n'ont qu'un même linceul...
Ils s'appelaient : Vingt-quatrième Compagnie
Montée, et du Premier Régiment Etranger...
Puis, des goumiers et des spahis, enfants d'Alger,
Qui servaient au convoi d'éclaireurs et d'escorte..
La chaleur, à présent, était déjà moins forte...
On arrivait au but, un point d'eau : Menabah.
Ni ferme, ni gourbis, pas même une kouba;
Un plateau broussailleux, bordant une ravine...
Un peu plus loin, vers l'ouest, était une colline.

Alentour, le silence... et l'espace infini
Qui se perdait, rougeâtre, à l'horizon jauni...
Donc, la colonne étant arrivée à l'étape,
Le camp s'était dressé; puis, ayant comme nappe
Le sol, chacun mangeait... et de quel appétit !
Bientôt, on vit venir, sordides mercantis,
Quelques bicots pouilleux, qui, posant sur des nattes,
Des pains ronds à l'anis, des figues ou des dattes,
Offrirent ces « douceurs » contre quelques « soldis »...
Femmes en moins, ma foi ! c'était le paradis !
Mais, parfois, il faut bien se passer des almées...
Bientôt dans le ciel clair montèrent les fumées
Des pipes, au-dessus des groupes devisant...
Puis, le sommeil survint, formidable, apaisant...
Le jour baissait; dans les ténèbres descendantes,
On ne distinguait plus que la blancheur des tentes...
Quelques postes, de place en place, aux alentours,
Guettaient l'ombre muette et la terre aux plis lourds...

*
**

Les heures de la nuit passaient, l'une après l'autre;
Au ciel, comme un sourcil d'argent, veillait la lune,
Le croissant de l'Islam, symbolique et divin...

Mais quelque chose bouge, au rebord du ravin...
Des formes ont paru, puis d'autres, plus nombreuses,
Se glissant vers le camp, sans bruit, comme peureuses....
Des hommes vont rampant sur le sol, et leurs pas
Sont tellement prudents qu'on ne les entend pas...
Ils s'approchent, félins, retenant leur haleine...
Mais quoi ? ces gens, drapés dans des burnous de laine,
Ce sont des Marocains ! Et, tandis que tout dort,
Ils surprennent le camp, pour une œuvre de mort !
Devant eux, les guidant vers les tentes muettes,
Marchent ceux qui, ce soir, nous vendaient leurs galettes...
C'était des espions que ces faux mercantis !
Tous nos soldats, hélas ! dorment, appesantis,
Tous ? Non pas, cependant... Bientôt, nos sentinelles

Sans doute feront voir qu'on peut compter sur elles...
Mais nul bruit ne trahit l'approche des maudits,
Qui déjà dans le camp parviennent, les bandits...
Ils se rangent bientôt, d'une commune entente,
Par groupes répartis auprès de chaque tente;
Puis, un cri guttural soudain déchire l'air...
Ils bondissent, dressant en leurs poings un éclair !
Sous leur élan, voici les tentes qui s'affaissent;
Les lames des poignards montent et disparaissent...
Ils frappent à l'envi, comme des fous, sans voir !
Des remous furieux s'agitent dans le noir.
On entend, se mêlant à leurs cris de sauvages,
Des plaintes de blessés, des hurlements de rage;
Nos soldats, réveillés par ce terrible assaut,
Voyant qu'il faut mourir, se dressent en un saut...
Hélas ! Combien d'entre eux, sous la charge en furie,
Avant de s'être armés, tombent, dans la tuerie !
Mais une mâle voix, voix de commandement,
A tout à coup jeté ce cri : « Rassemblement !
A moi, la Légion !... » Et voici que se dresse,
Lançant à plein gosier sa clameur vengeresse,
Le chef de la Légion, capitaine MAURY,
Blessé, sanglant, mais l'arme au poing...Tous, à son cri,
Sentent que le salut n'est qu'au bout de l'épée...
Voici l'heure, à présent, de vivre l'épopée !...
Cognent, comme cinquante, à travers les burnous...
Déjà, près de Maury, dix braves, les yeux fous,
D'autres viennent, meurtris, déchiquetés, livides;
Mais autour d'eux bientôt ils ont fait quelques vides.
« Rassemblement !... » Dans l'aube grise qui descend,
L'héroïque noyau va toujours grossissant...
Et l'on croirait, vraiment, que les tués eux-mêmes
Sont accourus, à voir combien ces gens sont blêmes,
Couverts de sang, raidis... Mais ils sont bien vivants,
Et, tantôt assaillis, deviennent poursuivants.
A la voix de leur chef, calmes comme à la cible,
Ils couvrent l'ennemi d'un feu bientôt terrible.
Les Marocains, sentant que le sort a tourné,
Se dispersent au loin, reflux désordonné...

*
* *

Or, s'étant délivrés, d'un sursaut de courage,
Nos hommes maintenant comptent l'affreux carnage.
On fait l'appel... Hélas ! On voit que, désormais,
Deux cents de nos soldats ne répondront jamais...
Des trois cents survivants, bien peu restent valides;
Mais tous, saufs ou blessés, gardent des cœurs solides...
Les officiers, alors, inspectent le lointain.
Là-bas, dans la clarté candide du matin,
On voit les Marocains groupés sur la colline !
Mais un nouvel appoint dans leurs rangs se devine...
D'autres bandes encor viennent les secourir
Pour un nouveau combat... il faut vaincre... ou mourir !
Combien sont-ils ? Trois mille ! Et nous ? Trois cents à [peine...
« Ça va », murmure entre ses dents le capitaine;
Puis, tirant son épée et la dressant en l'air,
Où l'acier resplendit d'une lueur d'éclair,
Il la pointe vers l'ennemi, d'un geste large,
En jetant aux tambours et clairons : « Tous... la [charge ! »
Sur nos hommes qui, tous, ont une flamme aux yeux,
Passe en un ouragan formidable et joyeux,
Le souffle échevelé, le hurlement de gloire
Qui les jette en avant... « Y a la goutte à boire ! »
Ils ne sentent plus rien... Où sont-ils, les blessés ?
Ils bondissent là-bas, superbes, hérissés.
Bientôt les Marocains brûlent quelques cartouches;
Les balles en passant chantent comme des mouches...
Mais nos soldats s'en vont, courant toujours plus fort,
A qui sera premier dans la course à la mort !
Ils ont atteint déjà le pied de la colline;
Là-haut, les canardant, l'ennemi les domine,
Mais clairons et tambours mènent toujours l'assaut.
Baïonnette au canon ! L'escalade... En un saut
Les voici s'accrochant à la masse berbère...
La colline à présent fume comme un cratère;
Les burnous ont tenté de briser cet élan;
Mais autant essayer d'arrêter l'ouragan !
L'ennemi, culbuté par nos soldats, recule,
Bientôt il se disperse aux flancs du monticule,
Fuyant au loin, devant nos trois cents enragés...
O morts de Menabah... Vous êtes bien vengés !

*
* *

J'ai raconté ceci pour que, dans les chambrées,
Quand on vient d'allumer les pipes bien bourrées,
Quelque ancien redise souvent
Ce récit, aussi beau que les contes de fées...
Mais la salle d'honneur conserve les trophées
Qui font de cette histoire un récit bien vivant !

LÉON BOUREAU,
dit Marius de Kéroza, ex-légionnaire.

LE FIL ET LA BOBINE

Monologue pour Jeune Fille ou pour Jeune Homme

En juin dernier vivait un fil
Autour d'une tendre bobine;
Comme très doux était le fil,
A lui s'attacha la bobine.
Or un jour s'ennuyait le fil,
S'ennuyait aussi la bobine:
« Si nous jouions? lui dit le fil.
— Oui, mais à quoi ? dit la bobine.
— Tiens! au diabolo, fait le fil;
Nous sommes deux, fil et bobine.
Tu comprends ?... moi je suis le fil,
Et toi... — J'y suis, fait la bobine.
Alors se déroule le fil,
Et se prépare la bobine:
Puis sans tarder voilà le fil
Qui s'amuse avec la bobine.
De valser ainsi près du fil
Tant se délectait la bobine,
Qu'avec délices sur le fil
Virait, revirait la bobine.
Et quand soudain perdant le fil
Montait un peu trop la bobine,
Afin de rattraper le fil
Vite descendait la bobine :
« Plus fort!... veux-tu? lui dit le fil.
— J'ai trop peur ! répond la bobine.
— Ne crains rien ! ajoute le fil,
— Au moins tiens bon! » fait la bobine.
Un bon coup sec donna le fil.
Partit dans les airs la bobine;
De rire se tordait le fil,
En haut se roulait la bobine.
Mais en revenant sur le fil
Tomba de si haut la bobine,
Que tout à coup rompit le fil:
Alors que fit pauvre bobine ?
D'avoir sitôt perdu le fil
Eut tant de chagrin la bobine,
Qu'afin de retrouver le fil
Se laissa tomber la bobine.
Et sur le corps de son cher fil
Elle se cassa la bobine.
Au gré du vent partit le fil
Bien loin, bien loin de la bobine;
« Mais, direz-vous, va pour le fil;
Que devint alors la bobine ?
Vous nous avez parlé du fil,
Qu'attendez-vous pour la bobine ?
— A mon tour j'ai perdu le fil,
Et je cherche pour la bobine...
Eh bien ! puisque j'ai causé fil,
S'il me faut vous parler bobine,
J'attends (pour retrouver le fil
Et ne pas perdre la bobine)
Qu'un mignon et charmant pro-fil
Veuille se payer ma bobine.

J. BALDRAN.

Photo G. Dambuyant.

LA LEÇON de SOLFÈGE

Monologue militaire

créé par

le Pioupiou DRÉAN

Photo G. Dambuyant.

Bon sang de bon sang !... c'est-y embêtant !... Non, vraiment, j'aurais mieux fait d' me tenir tranquille... Figurez-vous que j'ai fait ma demande pour entrer dans la musique. Je me disais comme ça : J' dois avoir des dispositions sûrement... mon grand-père et mon père étaient tambours de ville... de père en fils... c'est dans le sang !... et moi, les jours de foire, dans le civil, j'étais toujours embauché pour tourner la manivelle des chevaux de bois... la musique ? eh ben, ça me connaît !... Alors, ce matin, le fourrier me dit : « C'est vous qui demandez à entrer dans la musique ? — Oui, fourrier ! — Bon !... Le chef veut vous voir ; à 9 heures, solfège dans la chambre des musiciens, pour tous les aspirants... » A 9 heures tapant, *je me réunis* dans la chambrée de la musique qu'est au premier étage. Y avait déjà une dizaine de bleus comme moi, de toutes les autres compagnies, qu'attendaient aussi. Tout d'un coup, le sous-chef rapplique, i' nous rassemble et i' nous dit comme ça qu'i' voulait voir un peu nos figures et se rendre compte de nos *altitudes* musicales.. Autrement dit, qu'i' dit, nous allons faire une petite leçon de solfège, je présenterai au chef ceux qui m'auront le mieux répondu. Là-dessus, i' dit à un des bleus qu'étaient là : « Allons, vous, montez-moi la gamme, d'abord. » V'là l'autre qui s' met à chanter trois ou quatre fois une espèce de chanson où que ça répète tout le temps sur le même air : do, ré, mi, fa, sol *ça m' scie l' dos*... do, ré, mi, fa, sol *ça m' scie l' dos !*... J'y ai rien compris du tout, mais le chef a eu l'air content : « Bien ! » qu'i' dit... Alors, i' se retourne de mon côté et i' me demande : « Connaissez-vous la valeur des notes ? — Non, chef, que j'y réponds, j'ai déjà vu, sur les foires, l'avaleur de sabres, l'avaleur de serpents, mais j'ai jamais connu l'*avaleur de notes !* — Est-ce que vous êtes loufoque, qu'i' m' dit, ou ben vous vous payez ma tête... Vous savez, avec moi, ça n' prendra pas ! » Je ne savais pas où j'en étais... mais comme il avait l'air fâché, j'ai rien voulu dire !... Là-dessus i' nous a dit que dans les notes, y' avait des croches, des doubles croches et des *anicroches*, qu'y en avait aussi de toutes les couleurs, des blanches, des noires, des *rouges*... « Qu'est-ce que vous faites en voyant une *ronde ?* » qu'i' me dit comme ça tout d'un coup. « Quand j' vois une *ronde*, que j' dis... si j' suis en sentinelle, j' crie : *halte-là !* — Mais vous êtes abruti, mon garçon, vous ne savez pas un mot de musique ! » Sapristi, que j' pensais en moi-même, le sergent m'a pourtant bien dit ça, hier encore, au service en campagne, aujourd'hui v'là que c'est changé ! J'y comprends pus rien de rien !... Après ça, le v'là qui m' demande encore en rigolant : « Eh ben, puisque vous êtes si fort, savez-vous combien il y a de clefs ?... — Chef, que j' réponds, y' a *la clef de la porte*, *la clef de la salle de police*, *la clef du polygone* et *la clef des champs !* — Eh ben, qu'i' m' réplique, i' devait être peintre, vot' père, i' vous en a flanqué une couche !... » Alors i' nous a expliqué, si j' me rappelle bien, qu'y avait la *clef du sol*, *la clef de l'entresol* et *la clef du phare*... Ensuite i' nous a parlé des *bémols*, des *niaises* et des *bécasses*... comment qu'i' fallait s'y prendre pour jouer un morceau suivant que c'était marqué: *forto*, *fortissimo*, *piano*, *pianotto*, *vinaigro* ou *vinaigretto*... I' nous a dit aussi que, dans les morceaux, y' avait des *soupirs* : des *gros* et des *petits soupirs*... ça, c'est probablement quand on joue quéqu' chose de triste... plus c'est triste, plus tant qu'y a de *soupirs* et plus tant qu'i' sont gros !... J'ai ben compris... ça, c'est pas difficile !... I' nous a dit encore que, dans la musique, y' avait quéqu'fois *syncopes*, *six copes* et même davantage de *copes*... que, quand deux instruments jouent ensemble, c'est un *duo*, trois... c'est un *trumeau*, et quand y' en a qu'un, paraît comme ça que c'est un *soulaud*, et ça c'est vrai... j'ai toujours remarqué qu'un homme qu'a bu, ça chante toujours tout seul... Après, i' nous a distribué à tous des feuilles de papier où qu'y avait des petites lignes comme des fils de télégraphe et des points noirs dessus : « On va solfier », qu'i' fait. Là-dessus, i' prend un bâton de chaise dans sa main : « Avez-vous déjà battu la mesure, qu'i' m' dit ? — Oh ! non, chef, que j'y réponds, j'ai jamais rien battu !... j' suis pas méchant !... » Alors les v'là tous qui rigolent et le chef encore plus que les autres : « Attention qu'i' fait en levant son bâton... *une mesure pour rien !* » Tiens, que j' me dis, j' croyais que tout était gratuit à la caserne, combien donc qu'i' va nous faire payer les autres !... Puis, tout le monde se mit à chanter un tas de bêtises qui ne signifient rien du tout... ça parlait de *la scie*, de *dodo*, *d'oh la la !*... Comme ça ne m'amusait guère, je profite que le chef ne regardait pas, pour m'allonger sur le lit d'un musicien. Tout d'un coup, i' s'écrie en regardant de mon côté : « *Une ronde !... Restez sur le do !... Restez sur le do !* » J'étais tout épaté... parce que ça m'étonnait qu'i' me dise ça !... pourtant je reste *sur le dos* comme il me commandait... Aussitôt le v'là qu'arrive sur moi, qui se met en colère et qu'i' m' dit : « Vous vous moquez de tout, mon garçon ?... qu'est-ce que c'est qu'une tenue pareille ?... Fichez-moi le camp et que je n' vous revoie plus ! » ... Eh ben, de c'te fois, je n'y ai pus rien compris du tout... Décidément, dans ce métier-là, on ne sait jamais comment faire... qu'on obéisse ou qu'on n'obéisse pas... on est toujours attrapé !... Aussi franchement... eh ben... j'aurais mieux fait d' me tenir tranquille... parce que, voyez-vous... *j'ai dépassé la mesure* et me v'là *mal noté*. Avec toutes leurs *blanches* et leurs *noires*... je n'y ai vu que du *bleu*... à présent je suis *vert* et on m'en fera voir des *grises !!*... C'est une vraie *scie*, j'en ai plein le *dos*... Restons-*en là !!*

Photo G. Daubuyant.

BALLADE
DU CHANTEUR DES RUES

Avec su' l' dos ma vieill' guitare...
Courbant l'échine... et rud'ment las
D' mon sal' méquier, d'puis l' temps que j' marre,
Trainant mes vieux ribouis, j' m'en vas...
J' m'en vas, tout seul, la mort dans l'âme...
Et m' butant dans l' nez des prom'neurs,
J' leur dis : « Mes bons messieurs et dames,
Piquié pour el' pauv' vieux chanteur !...

Ej' tousse... ej' crache... et pis j' m'accorde,
Pour attirer leur attention
Et, faisant grincer mes vieilles cordes,
J'entam' le chap'let d' mes chansons !...
C'est toujours el' mêm' répertoire.
(Les cabots n'en beugl'nt de frayeur !...)
Ah ! j' viens pas du Conservatoire...
Piquié pour el' pauv' vieux chanteur !...

D'abord... c'est l'Alsace et la France...
Pis... j' chant' : « Comme on aime à vingt ans ! »
Ça parl' de joie et d'espérance,
Ça parl' de bonheur et d' printemps ! !
J' frais ben mieux d' crier ma détresse...
J' frais ben mieux d' beugler mon malheur
Que d' parler d' bonheur et d'ivresse !...
Piquié pour el' pauv' vieux chanteur !...

Moi qui n' vois guèr' la vie en rose
De l'un à l'autr' premier janvier...
Dir' qui faut que j' dégois' ces choses ! !
Pisque c'est défendu d' mendier !...
Faut ben tâcher d' gagner sa vie.
C'est pour ça que j' chante à plein cœur
Et pourtant...j'en ai guère envie !...
Piquié pour el' pauv' vieux chanteur !...

Mais j'aurai beau m' fair' de la bile,
Pas un pauv' sou d' leurs mains n' tombera...
I's m' trouv'nt donc pas assez habile ?...
I's r'vienn'nt donc tous ed' l'Opéra !
Pour eux gn'a pus qu' les grands orchesses,
Gn'a pus qu' les artiss's ed' valeur !...
Mais moi si j' chant'... c'est qu' la faim m' presse !
Piquié pour el' pauv' vieux chanteur !...

I's s'en vont sans tourner la tête.
I's s'en vont en riant comm' des fous
D' la couleur ed' ma requimpette
Et d' mon phalzar étoilé d' trous !

Et j' reste là, tout à fait moche,
A chanter l' printemps et l' bonheur
Quand j'ai pas un radis en poche !
Piquié pour el' pauv' vieux chanteur !...

Tout d'un coup... un sergot rapplique.
J'ai que l' temps d' garer mon *jambon*..
Les flics... ils n'aim'nt pas la musique :
Leur instrument, eux... c'est l' *violon* !...
Si j' rent' dans eun' cour... el' concierge
Me flanqu' dehors... pir' qu'un voleur :
Gna qu' l'asile de nuit qui m'héberge
Et qu'a piquié du pauv' chanteur !...

ENVOI

Princ's... rich's... et vous tous, grands d' la terre :
Nos chansons d'viendront... des clameurs
Si vous délaissez la misère !...
Piquié... pour tous les vieux chanteurs ! !

ANDRÉ CHENAL.

ANDRÉ CHENAL

Vous Seriez Parfaite

MONOLOGUE

dit par M. de FÉRAUDY, de la Comédie-Française

Maurice de FÉRAUDY

Vous seriez parfaite, ô ma souveraine !
Vous avez pour ça d'ailleurs ce qu'il faut :
Un air distingué, le port d'une reine,
Un corps idéal et sans un défaut,
Vous portez toujours charmantes toilettes,
Grâce plus exquise en vit-on jamais ?
Vous faites tourner, hélas ! bien des têtes,
Battre bien des cœurs, par centaines ! mais !...
Lorsque vous marchez, radieuse, fière,
On croit voir passer un beau papillon ;
Votre pied mignon effleure la terre,
Pied de Japonaise ou de Cendrillon.
De plus douce main, de taille aussi fine,
Je n'en connais point, cela je l'admets ;
Votre gorge est pure et vraiment divine,
Rien qu'en la voyant on croit rêver : mais...
Quant à votre tête, un tableau de maître,
A rendre jalouse un prix de beauté ;
Vénus ou Junon auraient pu peut-être
Obtenir des dieux prix d'égalité,
Vos lèvres, vos dents n'ont point leurs pareilles,
Vos yeux de velours, vos sourcils de jais,
Vos cheveux bouclés, ce sont des merveilles,
Tout est ravissant, admirable, mais...
Mais l'Esprit malin, ô, ma toute belle !
Pour notre tourment vous donna, oui-dà,
Ce rien si follet nommé « la cervelle »
Qui vire et revire au moindre dada.
Et voilà comment ici je m'arrête,
La cause entendue, arrivant au fait,
Sans ce petit rien, vous seriez parfaite,
Sans ce petit « mais », ce serait parfait.

J. BALDRAN.

Les deux Cuisses de Faisan

J'ai fait une remarque : au cours d'un mariage,
Il se passe toujours quelque truc amusant.
A table, un invité renverse le potage ;
Un couple maladroit fait panache en dansant ;
Parfois, il se commet des gaffes colossales ;
Quant aux farces, c'est par milliers. Puisque j'y suis,
Je vais vous en conter une des moins banales.
C'était au mariage d'un de mes amis.
A midi, très nombreux, nous nous mettons à table,
Parmi les invités était un paysan.
Buveur hors ligne et d'un appétit formidable,
Au milieu du banquet on apporte un faisan.
Puis deux, trois, quatre, cinq... une demi-douzaine ;
Oui, mais pour découper, je l'en défie... voilà
Personne ne bougeait : « Ne soyez pas en peine,
Nous dit le paysan : passez-moi donc tout ça. »
Aussitôt le voilà, d'une main très habile,
Qui taille, qui retaille et tranche dans le tas.
On se sert à mesure. Au dernier volatile
(Jugez de ma stupeur !) j'aperçois notre gars
Glisser furtivement deux cuisses dans sa poche.
Je ris. Quelques instants après, à pas de loup,
Un des garçons d'honneur soudain de moi s'approche
Et me dit à mi-voix : « Vous allez voir le coup. »
Dans un coin, il y avait du potage de reste ;
Il prend une louche et dans la poche du gars
Il verse le bouillon. L'autre aperçoit le geste :
« Eh ! sapristi ! dit-il, que faites-vous là-bas ?
— Tiens ! répond le garçon d'honneur. Ne vous déplaise !
Deux cuisses sans du jus ce serait un peu sec ;
Mais pour que vous puissiez les manger mieux à l'aise
Alors j'ai pensé mettre un peu de sauce avec. »

J. BALDRAN.

EN AVION !

L'artiste entre en scène vêtu d'un costume d'aviateur : bonnet de laine à oreillettes, combinaison classique et grotesque. Il porte d'énormes lunettes en verre fumé et arrive devant le public en traînant la jambe.

Ah ! j'en ai assez de l'aviation ! Quelle écrabouilleuse d'hommes !... Je suis brisé, moulu, vanné, rompu, tordu. *(Il se frotte les reins.)* Et cependant, je me tords !... *(Il rit.)* Enfin, me revoilà sur le plancher des veaux ! Je vous assure que je l'ai échappé belle ! S'il y a des heures qu'on n'oublie jamais, eh bien ! celles que je viens de vivre demeureront cristallisées dans ma mémoire ! Et cela, c'est la faute de ma moitié ! Oh ! les femmes, les femmes ! Quelle engeance diabolique ! *(Il semble réfléchir un moment.)* Après tout, est-ce bien la faute d'Artémise si j'ai failli me casser les reins aujourd'hui ? *(Au public.)* Je vais vous en faire juges ! Nous sommes ici entre nous, je peux bien vous faire cette confidence ! *(Regardant avec inquiétude à droite et à gauche en baissant le ton.)* Surtout pas un mot à ma femme... Elle m'arracherait les yeux. Voici la chose : Bien que marié, je suis amoureux... amoureux d'une autre, d'une petite actrice blonde, rose, rose comme un bonbon fondant... mais un tantinet dépensière, quoiqu'elle ne m'aime que pour moi. Oh ! ça, j'en suis sûr ! Elle me coûte donc assez gros, et comme il y a des dépenses que l'on ne peut avouer à sa légitime, surtout lorsque celle-ci est comme Artémise, curieuse, jalouse et avare, il a fallu trouver une idée pratique pour les justifier. *(Avec mystère.)* Je me suis transformé, tout à coup, en aviateur risque-tout, en un sportsman ayant chaque soir des rendez-vous, soit avec Blériot, soit avec Védrines, soit avec Beaumont. Bref, tous les conquérants de l'air y ont passé ! O rendez-vous où je n'allais voir que mon étoile au paradis terrestre !... Or, un beau jour, devant remettre la forte somme à Mimosa — c'est le nom de ma petite amie — j'ai dit à mon épouse qu'il me fallait 30.000 balles pour la construction d'un aéroplane. Naturellement, je fis construire l'appareil dans les prix doux et j'offris le reste à l'objet de ma flamme ! C'est assez canaille, direz-vous, mais Mimosa est si blonde, et rose, rose... L'appareil, je l'espérais, resterait dans son hangar comme un serin en cage. Tout allait donc comme sur des roulettes lorsque la patience de ma femme tourna au jus de citron ! Chaque matin, en se levant, même avant les tendres effusions, ses premiers mots étaient : « A quand cette sortie ? » *(S'adressant aux spectatrices.)* Je ne vous le cacherai pas, Mesdames, j'avais, en secret, escompté l'affection d'Artémise et je supposais qu'au dernier moment elle s'opposerait à ce que je risquasse ma peau sur un aussi frêle esquif ! Ah ! bien ouiche ! Artémise avait trop coupé dans le pont; elle était devenue orgueilleuse de mon audace prochaine, enragée de l'aviation ! Sans rien me dire, elle avait envoyé aux journaux des notes dithyrambiques à mon sujet, vantant mon appareil comme étant le dernier mot de l'aviation et me forçant à m'inscrire pour la course Paris-Landerneau, cent vingt lieues de balade à travers la nue, rien que ça. *(Il grelotte.)* Brr ! j'en ai encore le frisson dans le dos ! *(Après un temps.)* Bref, le jour fatal arriva, car tout arrive en ce monde ! L'entrée de mon oiseau sur la piste ne fut pas brillante ! Pauvre machine fabriquée au rabais, poussée par quatre hommes, cahotée, se balançant lourdement, comme un canard ! Ah ! je vous le jure, je n'en menais pas large, bien que mon appareil eût huit mètres d'envergure, et je maudissais, de tout mon cœur, ma cruelle épouse, unique cause de ma mésaventure !... Car Mimosa !... *(Comme dans un rêve.)* Elles étaient là toutes deux... et, avec elles, une foule, l'horrible foule, avide, impatiente de voir un contemporain se casser le portrait ! *(Plus fiévreusement.)* Mais, soudain, l'heure sonne... le signal est donné ! J'embrasse Artémise qui, pleine d'enthousiasme, me saute trois fois au cou et me crie : « Va, Adhémar, sois brave... la France va te contempler ! » Je devais être vert ! Enfin, j'empoigne ma casquette, je l'enfonce jusqu'au menton, je relève mon col et l'on m'introduit dans l'appareil par une petite trappe située en dessous. Hissé par les pieds, je me rétablis sur les poignets. Finalement, je me trouve assis sur un petit siège de gosse, à côté du pilote, n'osant remuer ni mains, ni jambes, de peur de toucher à toutes les mécaniques qui m'entourent. L'hélice se met à tourner comme une folle. Nous cahotons, puis tout mouvement cesse et je ne sens plus qu'un glissement assez doux ! Ça y est, nous volons ! Je suis de plus en plus blême, paraît-il; mon compagnon me tend sa gourde, j'avale d'un trait un demi-litre de rhum et je me trouve un peu mieux. Nous montons. La Ville-lumière s'effondre sous mes yeux. Les gens, dans les rues, ressemblent à des insectes infiniment petits, rampant sur le sol ! Voici la colonne Vendôme, un simple mirliton de foire aux Pains d'Epices; la Chambre des Députés, la Madeleine, deux niches à chien. Tiens, un casque doré, c'est l'hôtel des Invalides, et ce jouet d'étrennes, c'est le chemin de fer qui passe ! Montmartre est plat comme la galette de son moulin; la Seine semble un ruban argenté, l'Arc-de-Triomphe apparaît comme un petit banc d'ouvreuse. Nous volons toujours ! Voici le Trocadéro, on dirait une marmite entre deux chandeliers, à côté d'un autre un peu plus grand, la Tour Eiffel. Paris disparaît dans l'ombre... c'est la campagne... nous filons, filons, filons ! Un terrible coup de vent se jette sur nous; notre oiseau ne bat plus que d'une aile. Quelle terreur ! Le pilote et moi, nous sommes culbutés l'un sur l'autre; nous essayons de nous hurler nos impressions... impossible, le ronflement de l'hélice nous en empêche. Tout disparaît au-dessous de nous comme en un rêve... un mauvais, je vous l'affirme ! Patatras ! J'entends un craquement, l'aile malade vient de se briser ! Nous dégringolons avec une vitesse vertigineuse. Mon voisin sue sang et eau; il essaie de remédier à l'avarie ! Ah ! mon colon, nous dégringolons plus que jamais ! J'ai un trac ! Sacrée Artémise, va ! Tomberai-je pile ou face ? Vlan, une secousse épouvantable ! Notre avion vient de s'aplatir sur un toit de chaume qu'il a crevé et nous voici, le pilote et moi, au centre d'une salle où, devant une table, fonctionnent de la mâchoire une dizaine de paysans des deux sexes. Nous troublons la gaieté d'une noce !... Je tombe sur un gaillard robuste qui amortit le choc et avec lequel je roule à terre, au milieu d'un fracas épouvantable de vaisselle. Mon compagnon, plus heureux que moi, s'est payé une grosse commère dont les avantages ont fait de sa chute une descente en velours ! Chacun se tâte ! En réalité, rien de cassé ! Tous les abatis au grand complet. Seul, l'appareil, pauvre oiseau déplumé, gît sur le toit, en partie défoncé.

Le maire, le juge de paix, le garde champêtre, les gendarmes arrivent, crient, gesticulent, verbalisent. Je me déclare le propriétaire de l'avion et je m'entends condamner à 1.800 francs de dommages ! C'est gai ! Je laisse le pilote se dépêtrer avec l'appareil... Et dare dare, à la première station, je prends l'express pour Paris !... Me voilà ! Sans aucun mal, heureusement, un peu contusionné, oh ! oui, mais à tout jamais guéri de l'aviation, de Mimosa et de... j'allais dire ma femme ! *(Après un instant de réflexion.)* Non... au premier circuit, je l'installerai à son tour sur le tacot et, seuls, mes meilleurs vœux l'accompagneront ! *(Il sort en riant.)*

CHARLES DE BUSSY et HENRI LE POINTE.

D'EU à CETTE

MONOLOGUE

dévidé par

CHEVALIER

Photo G. Dambuyant

Photo G. Dambuyant

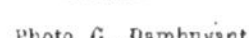

Figurez-vous que Victor, son amante et leurs deux gosses étaient partis d'Eu, chargés d'œufs, pour aller voir leur tante à Cette en passant par Troyes.

En s'arrêtant à Mantes, comme la menthe tente l'amante, ils vont au buffet; sous la tente, quatre à quatre, en deux parts, deux par deux.

L'amante en prenant la menthe, fait voir la mante qu'elle emporte à la tante, puis ils quittent Mantes et la tente, pour se rendre à Cette et, bientôt, arrivent à Troyes, chargés d'œufs, venant d'Eu, pour y rester de trois à sept.

Tout à coup, l'amante cherche la mante de la tante, se lamente et s'écrie : « La mante de la tante est à Mantes, sous la tente. » Elle se tourmente d'avoir pris la menthe, qui lui a fait perdre la mante à Mantes, et dans un état de fureur latente, mécontente, elle attente à la bonne entente qui rend la tante si contente.

Au même instant, Victor s'écrie : « V'là la mante ! » Et l'amante, oubliant la menthe de Mantes, reprend la mante, et charmante, reste dans l'attente de revoir la tante bien portante, et très contente de les voir arriver à Cette, venant d'Eu chargés d'œufs, quatre à quatre, en deux parts, deux par deux, et par Troyes, pour causer du maire d'Eu.

Je parie que vous n'avez pas compris ? Attendez, je vais recommencer :

Figurez-vous que Victor, etc., etc...

René Champigny.

UN BON CONSEIL

MONOLOGUE COMIQUE

Certain jour devait comparaître,
Pour un vol qu'il avait commis,
Un vaurien qui devait connaître
Bien sûrement tous les jurys.
Devant une telle insistance,
Le président se dit cela :
« Essayons une remontrance
Et convoquons son avocat ;
Le moyen peut être efficace,
En tous cas, il ne coûte rien.
Et, qui sait ? maître Boniface
Pourra le ramener au bien. »

. . . .

L'avocat désiré s'avance,
Salue bien bas le président,
Qui lui dit : « Quelle malechance
D'avoir encore ce chenapan !
C'est un voleur incorrigible,
Et vous devriez, à son réveil,
Voir s'il resterait insensible
Si vous lui donniez un bon conseil. »
L'avocat alors se retire
Et s'en va voir le prisonnier,
Auquel il ne fait que dire :
« Il faut vite vous en aller. »
Celui-ci déguerpit bien vite
De sa prison, sans être vu,
Etonné d'en être ainsi quitte
Et ravi du conseil reçu.

. . . .

Le défenseur calme et austère
Rencontre un soir le président
Qui lui dit : « Et notre affaire ?
Qu'avez-vous dit au chenapan ?
— Je l'ai fait fuir à son réveil.
— Fuir ? Mais, monsieur, il est coupable.
— Justement ! Etais-je capable
De lui donner meilleur conseil ? »

HONORÉ PION.

CE QUE J'AIME

MONOLOGUE DE SALON

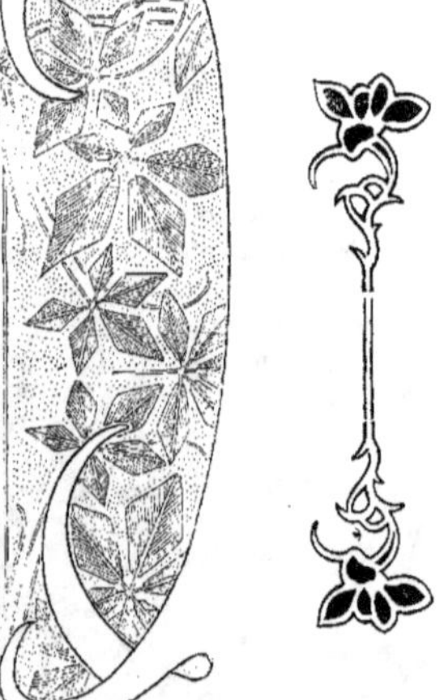

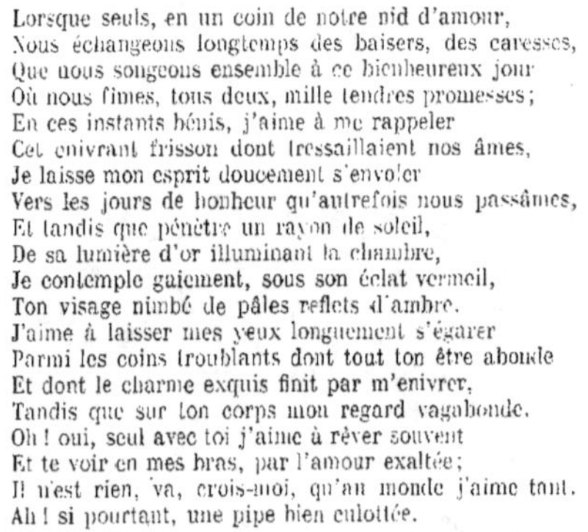

Lorsque seuls, en un coin de notre nid d'amour,
Nous échangeons longtemps des baisers, des caresses,
Que nous songeons ensemble à ce bienheureux jour
Où nous fîmes, tous deux, mille tendres promesses ;
En ces instants bénis, j'aime à me rappeler
Cet enivrant frisson dont tressaillaient nos âmes,
Je laisse mon esprit doucement s'envoler
Vers les jours de bonheur qu'autrefois nous passâmes,
Et tandis que pénètre un rayon de soleil,
De sa lumière d'or illuminant la chambre,
Je contemple gaiement, sous son éclat vermeil,
Ton visage nimbé de pâles reflets d'ambre.
J'aime à laisser mes yeux longuement s'égarer
Parmi les coins troublants dont tout ton être abonde
Et dont le charme exquis finit par m'enivrer,
Tandis que sur ton corps mon regard vagabonde.
Oh ! oui, seul avec toi j'aime à rêver souvent
Et te voir en mes bras, par l'amour exaltée ;
Il n'est rien, va, crois-moi, qu'au monde j'aime tant.
Ah ! si pourtant, une pipe bien culottée.

PAUL MARTEL.

SOYEZ BONS POUR LES FEMMES

Une vieille fille (1), *ridiculement accoutrée, surgit, tel un personnage de Guignol, derrière une table de conférence recouverte d'un tapis vert et garnie du traditionnel verre d'eau sucrée.*

Ah ! les hommes ! les hommes !... Mesdames, je vous prends toutes à témoin. Ne trouvez-vous pas, comme moi, les hommes de nos jours bien mal élevés et, osons le dire, bien grossiers, soutenant cyniquement leur réputation de chenapans et de malotrus ? Je modère mes termes.

Il paraît qu'autrefois ces messieurs avaient d'autres façons. On les appela *talons rouges*. Leurs manières furent, paraît-il, galantes, chevaleresques... sans doute sous Louis XV, c'est-à-dire au Moyen âge, c'est-à-dire avant le déluge !... Moi, sans être née d'hier, je suis trop jeune, hélas ! pour avoir connu ce temps-là !

C'est pourquoi, mes sœurs, j'ai résolu pour sauver notre honneur, j'ai résolu, dis-je, de prendre l'initiative d'une Ligue. Le tennis, le golf, le cross-country, le foot-ball, le yachting, le croquet, le boston, le skating, le tir aux pigeons, le ski, la luge, l'automobilisme, le cyclisme, tous les oiseaux à moteurs ont leurs clubs... pourquoi n'aurions-nous pas le nôtre ? Pourquoi, Mesdames, ne pas nous liguer toutes ensemble pour la défense des respects qui nous sont dus si justement en raison de nos charmes (*Elle esquisse de petites mines qu'elle est seule à trouver avantageuses.*)... et en raison de notre faiblesse ?...

(*Elle imprime à la table qui est devant elle un puissant coup de poing.*)

Mais, allez-vous me dire, comment nous y prendre ? Comment réglementer notre Ligue ?

Lorsque des journalistes, des fonctionnaires ou des artistes veulent fonder une Association, ils commencent par élaborer des *statuts*, dont le premier définit leur but, et dont les autres prévoient, établissent, régissent tous les cas vers ce but. Imitons-les, mes sœurs !... Et, si vous le voulez bien, laissez-moi vous lire les statuts que j'ai écrits pour nous, avec l'espoir que vous les approuverez. (*Elle pose sur son nez un vaste binocle et se met à lire sur une liasse de papiers.*)

LIGUE

pour la défense des respects et des égards dus à la Femme.

STATUTS

Article premier. — L'Association a pour but, comme son titre l'indique, de mettre les femmes sur des piédestaux, comme des fleurs sur des étagères. (*Sourires satisfaits.*)

Article 2. — Seront seules admises à faire partie de l'Association les personnes âgées d'au moins seize ans et portant la jupe.

Article 3. — Exception sera faite pour les femmes faisant de la bicyclette et qui ne portent la culotte que pour l'exercice de leurs fonctions.

Article 4. — Quand une Ligueuse se trouvera debout sur la plate-forme d'un tramway ou d'un autobus, si aucun des voyageurs assis ne se décide à lui offrir sa place, elle devra tenir ostensiblement une petite pancarte de l'Association, sur laquelle on pourra lire l'inscription : « Soyez bons pour les femmes. »

Article 5. — Si, pris de commisération, l'un des voyageurs assis offre sa place, en remerciement la Ligueuse pourra lui remettre un ticket ainsi libellé :

Ligue

pour la défense des respects et des égards dus à la femme.

BON POINT

N. B. — Dix de ces bons points donnent droit à un fauteuil numéroté pour la grande matinée artistique donnée chaque année par la Ligue dans un théâtre subventionné de Paris.

(*Elle adresse à l'auditoire un regard malin.*)

Alléchés par l'appât de ces billets de faveur, tous les hommes peut-être, pensez-vous, tous les hommes rapidement vont se donner le mot et, du jour au lendemain, devenir galants par intérêt !... Tant mieux, mes sœurs !... Car, chut ! écoutez-moi bien.

Supposons que, dans l'espace d'un an, soixante-dix mille fois les hommes aient été galants à Paris — ce qui, depuis des siècles, ne se serait jamais vu ! — cela nous fait soixante-dix mille bons points en circulation, donc sept mille places à donner !... Continuez à bien m'écouter. Par certaines amabilités dont veut bien me gratifier l'un de nos plus charmants ministres... (*Nouveaux sourires satisfaits.*)... je puis avoir gratis la salle d'un théâtre subventionné. Les artistes, par le même moyen, venant *à l'œil*... (*Œil malin.*)... nous n'avons aucune dépense !... Aucune, aucune, car, pour les imprimés aussi, je connais un imprimeur qui est gentil, gentil !... (*Elle envoie dans le vide un baiser avec la main.*) Ainsi, bien que notre matinée soit donnée sans rien payer, à l'entrée nous faisons verser un franc par billet, pour couvrir les frais, et, si les sept mille billets nous reviennent, de cette façon nous empochons sept mille francs, en asseyant tous les messieurs sur les genoux des dames, pour faire tenir tout le monde, puisque le plus grand théâtre de Paris contient à peine trois mille six cents places !... Qu'en dites-vous, mes sœurs ? La combinaison n'est-elle pas astucieuse, et n'est-ce pas là un plan excellent pour rendre les hommes galants ?

Article 6. — Si, en descendant un escalier ou ailleurs, un être culotté marche, sans s'excuser, sur notre jupe... giflons-le ! Si, par contre, il s'excuse, donnons-lui un bon point. Ce sera toujours pour l'Association peut-être le dixième d'un franc de gagné, c'est-à-dire deux sous, susceptibles d'entrer dans la caisse.

Article 7. — (*Elle s'interrompt.*) Rassurez-vous, il n'y en a que trente-trois...

Article 7. — Si, en chemin de fer, un importun, qui sans doute recherche les douces sociétés, vient s'installer dans notre wagon réservé, dans le wagon des *Dames seules*, sortons de notre sac une pipe — oui, mes sœurs, une bouffarde, ni plus ni moins ! — et ayons l'air de nous apprêter à fumer. Sans doute cet être culotté était venu parmi nous, je le répète, pour rechercher de douces sensations. Il s'enfuira donc à la plus proche station. Si, au contraire, il veut fumer aussi, giflons-le. Ça lui apprendra à être galant avec les dames.

Article 8. — Aux bains de mer, nos charmes sont souvent très appréciés. A notre entrée dans les flots bleus ou à notre sortie de l'onde amère, les jumelles, les longues-vues, les appareils photographiques se braquent sur nous. Ici, deux cas se présentent : si la ligueuse est prude, elle se trouvera outragée ; si elle est coquette, elle en sera flattée. A l'usage des prudes, nous avons fait confectionner des étiquettes, pour être accrochées sur les costumes de bains, et ainsi libellées :

Défense de lorgner
et de photographier.

Et pour les coquettes, d'autres étiquettes portant la mention :

Permis de photographier
et de lorgner.

Grâce à ces inscriptions écrites en gros caractères, les baigneurs de nos plages sauront quelle conduite ils auront à suivre pour plaire aux dames.

Article 9. — On peut se procurer lesdites étiquettes, imprimées sur toile cirée, au bureau de l'Association ; trois francs la douzaine.

Article 6. — Si, en descendant un escalier ou ailleurs, un être culotté marche, sans s'excuser, sur notre jupe... giflons-le !... (*Compulsant fiévreusement ses papiers.*) Mais, j'ai déjà lu ça !... Oh !... Le copiste m'a refait trois fois les mêmes feuilles ! Me voilà en panne ! L'idiot, l'abruti !... Il a voulu se payer ma tête, le vaurien ! Je le disais bien que les hommes ne sont que des chenapans, des malotrus, des bandits et, qui plus est, des zéros, oui, des zéros !... Nous sommes polis avec eux, qu'au moins ils le soient avec nous !

(*Elle sort, le front haut.*)

CHARLES DE BUSSY et HENRI LE POINTE.

(1) Ce monologue peut être dit par un homme travesti en femme.

LE MABOULISME

(En tenue de rapin, il arrive en scène avec une boîte de couleurs à la main, deux toiles sous le bras et un rouleau de musique. Il pose ce dernier sur un piano, arrange le reste de son bagage sur des chaises et s'avance vers le public en souriant.)

Tel que vos yeux me contemplent, Seigneurs et Dames, je suis mabouliste !... Oh ! cela ne veut pas dire du tout que je suis détraqué. Au contraire... Le mabouliste n'est pas maboul ! Oh ! non !

Certes, tout le monde peut être peintre... Que faut-il pour cela ? Ne pas être aveugle, voilà tout. Il suffit, en outre, d'avoir un pinceau, de la couleur, un bout de toile ! Seulement, le difficile c'est de se faire connaître.

On y arrive par trois moyens. D'abord la réclame ! Persuader son monde, faire croire au bon public qu'on est un grand artiste. A force de montrer son nom imprimé sur du papier, ce moyen réussit, mais il est coûteux, pas à la portée de tous. Ensuite, il y a les femmes ! Combien de mazettes, de crétins, d'idiots sont arrivés par elles, mais il faut être joli garçon, ou faire semblant de posséder des qualités exceptionnelles ! *(S'adressant directement à son auditoire.)* Je vous entends chuchoter : « Il y a le talent !... » *(Avec une grimace.)* Mauvais, exécrable moyen, qui ne réussit que lorsqu'on est mort !

Reste donc le troisième moyen, le meilleur, le seul, l'unique ! J'ai dit le maboulisme !

Si vous avez la chance de voir le soleil noir, la lune verte, les chevaux violets, les éléphants rouges, le tout plus ou moins accommodé à la sauce cubiste ou futuriste, vous êtes sauvés !

Peindre en mabouliste !... Ah ! tenez, comme ceci par exemple ! *(Il va prendre une toile, ouvre sa boîte de couleurs, jette quelques coups de pinceau.)* Pan ! Pan ! Pan ! Vlan, ça y est ! *(Il tourne la toile vers le public qui n'aperçoit qu'un horrible mélange de mouchetures noires, violettes, vertes, rouges, puis il annonce triomphalement :)* « La forêt de Bondy par un soir d'orage ! » *(Presque convaincu lui-même.)* Est-ce assez vrai ?... Est-ce assez vécu ?... Ce ciel noir et rouge, cette futaie tressautante sous l'âpre morsure de l'ouragan, cette terre ruisselante de teintes glauques, violacées, ce terroir éperdument mouillé !... Ah ! voilà de la peinture, ou je ne m'y connais pas ! *(Avec emphase.)* Et je m'y connais !... C'est le maboulisme, art sacro-saint des espoirs et des gloires. *(Il repose sa toile pour en montrer une autre toute blanche.)* « La Seine vue d'un avion à 600.000 mètres de hauteur ! » *(Il s'explique.)* C'est bien simple, on ne voit plus rien.

Les paysagistes-impressionnistes n'existent que s'ils sont impressionnants ! Ne venez-vous pas vous-mêmes de le juger par mes tableaux ?... Vous avez eu tout de suite une impression, celle du réalisme dans sa brutale poésie, celle de la grandeur dans sa simple crudité, celle de l'originalité dans le chatoiement harmonieux des couleurs qui s'opposent ! C'est la véritable école qui méritera l'admiration des foules de l'avenir !

Vous me direz : « Il y a d'autres sortes de peinture, d'autres peintres... » Parfaitement, vous répondrai-je, nous avons aussi les fleuristes... ce sont généralement des femmes ! *(Galamment.)* Faut être aimable avec les femmes !... Elles font d'une manière charmante les rhododendrons, les azalées, les cyclamens ; elles peignent avec leur cœur ; elles trempent leur âme dans l'huile, au moyen de tout petits pinceaux, et elles lèchent, elles lèchent... c'est adorable, mais est-ce de l'art, je vous le demande ? *(Sans attendre le temps matériel d'une réplique.)* Et je vous réponds : « Non, non, non, mille fois non ! »

Les maristes !... Ah ! ceux-là sont bien rasants ! Tout le temps de l'eau et des bateaux ! C'est trop humide ! Assez d'inondations !

Les portraitistes ?... Actuellement, ce sont les arrivés ! Seulement, ils ne s'occupent jamais de la ressemblance ! Ce n'est pas artistique, la ressemblance !... Autant faire du chromo ou de la photographie ! Vous donnez 25.000 francs à un portraitiste et vous avez la binette d'une personne qui ne ressemble même pas à votre concierge ! Mais, ça lui est bien égal, au portraitiste. Pourvu qu'on reconnaisse sa signature, c'est tout ce qu'il demande.

Il y a encore les nudistes. Très forts sur les effets de lune, ceux-là ! Mais, nous n'en parlerons pas, car le directeur de *Paris qui Chante (Ici mettre le nom de l'établissement où se dit le monologue.)* m'a prié d'être convenable devant les jeunes filles !

Les animalistes, enfin, qui font toujours les mêmes chevaux, les mêmes vaches, les mêmes moutons, les mêmes chiens, les mêmes chats ! Ce qu'il y a de plus curieux, c'est que ceux qui font les vaches ne savent pas faire les chameaux, et inversement. C'est bizarre !... *(Il rit.)* En tout cas, c'est à ceux-là, indistinctement, qu'on devrait commander le portrait de sa belle-mère !

Mais, ne croyez pas, vous qui m'écoutez avec une complaisance qui me charme... *(Il s'incline.)* ne croyez pas, dis-je, que le maboulisme se soit uniquement introduit dans l'art de la peinture !... Il a bel et bien pénétré dans la littérature !

Une simple preuve... *(Il sort un livre de sa poche.)* Oyez ces vers d'un de mes amis, poète cubiste :

LES VERS DE COULEUR (Poésie florale)

Rose ineffeuillée, jacinthe purulente,
Gamme jaune au la vert, d'orange diézée,
O fleur de mimosa par le temps diluée,
Oiseau perlant dans l'ombre sa trille ululante !...
Cyclamen querelleur, nimbé d'un rêve clair,
Recueillement poudreux de l'astre et de l'éclair,
Ciel mourant, aigretté d'une estompe de mauve,
Ressouvenirs d'un cœur qui suit l'idéal fauve !...

Est-ce assez joli, assez harmonieux, assez limpide surtout ?... *(Il répète avec complaisance les deux derniers vers.)* Ciel mourant... etc... *(S'exaltant.)* C'est sublime tout bonnement !

Et en musique donc, les maboulistes sont légion ! Tenez, daignez écouter les fragments d'une symphonie intitulée : « Comme la lune ! » *(Il prend le rouleau de musique, s'installe au piano et plaque à pleines mains des accords baroques.)* Vous la voyez la lune qui brille dans la nuit sombre, puis la plainte du vent dans les arbres... au loin, le mugissement de la mer en courroux, *(Enorme bruit d'octaves.)* Ensuite, le calme qui renaît, la nature qui s'endort. *(Triolets stupides.)* Enfin, la nuit dans toute sa majesté sereine ! *(Air qui vise à la largeur d'inspiration, mais qui est horriblement faux et se termine sur un plaquage énorme.)* Epatant d'harmonie ! Ah ! ce maboulisme musical !

En réalité, je ne doute pas un seul instant, Seigneurs et Dames, qu'après avoir entendu mes explications et entrevu ces quelques simples et modestes échantillons de ma manière, vous ne vous ralliez franchement au maboulisme.

(Il reprend sous ses bras tout ce qu'il a apporté et déclame avec impétuosité ce qui suit.)

Là est l'avenir de tous les arts nationaux comme aussi la réalité rêvée dans les cervelles qui font la fortune artistique d'un pays comme le nôtre, jalousé par les autres... là est l'auréole, là est le soleil, là est... oh ! pardon !... *(Dans un geste lyrique, il s'est envoyé une main dans l'œil.)* Où en étais-je donc ?... Ah ! oui. *(Il reprend la même phrase.)* Là est l'avenir de tous les arts... *(Voix dans la coulisse : « Assez ! assez ! »)* Je l'ai déjà dit, en effet !... *(Il reprend.)* Là est... *(Dans la coulisse : « Ta bouche, bébé ! »)* Ta bouche... *(S'apercevant qu'il a répété l'injure.)* Ah ! sacré farceur, tu vas me le payer !... *(En s'enfuyant les poings tendus.)* Voyez-vous ça, il voudrait faire croire que je suis maboul !...

CHARLES DE BUSSY et HENRI LE POINTE.

Une Piqûre mal placée

(Petit récit où apparait lumineuse l'impartialité des professeurs !)

Monologue de Charles de BUSSY et Henri LE POINTE

Charles de BUSSY

Quand M. Verraleuil fit son entrée devant les trente-deux têtes assises devant lui, il lança un : « Bonjour, Messieurs ! » qui fit excellente impression. Il était revêtu d'une étroite redingote noire, un peu râpée mais correcte, coiffé d'un *tube* lustré par la pluie plutôt que par le coup de fer, et, sous son bras, il portait, non une serviette de garçon de café, mais d'avocat. M. Verraleuil était le type du parfait petit professeur, ponctuel, sévère comme un gendarme. Pion sorti des rangs, il jouait toujours son rôle au sérieux.

Il gravit la marche de l'estrade et, sur la chaire, déposa sa serviette et son chapeau. Puis il s'assit. Mais, précipitamment, il se releva. Une piqûre vive venait de l'atteindre postérieurement, à la partie la plus désossée de son personnage, et une rougeur lui en montait à la face :

« Ah ! vous me le paierez ! rugit-il, petits scélérats ! Ah ! vous prenez mon individu pour une pelote à épingles ! »

Et, comme tous les élèves ébahis le regardaient, il continua, d'une voix furibonde :

« Le coupable a une minute pour se déclarer ! Qu'il se dénonce, sinon vous serez tous consignés pendant trois heures ! »

Silence de désert. On aurait entendu un microbe voler. Tous les élèves étaient innocents.

« Messieurs, il n'y a plus que quelques secondes... »

La minute sinistre allait arriver au terme de sa carrière quand, pâle et calme, l'élève Poteau dressa son buste au sein de l'étonnement général :

« C'est moi seul qu'il faut punir, dit-il.

— Vous ?...

— Oui, Monsieur. Quoique me nommant Poteau, je me sens l'âme d'un Horace Coclès. Je m'oppose à ce que la classe entière soit punie. »

M. Verraleuil bouillonnait sur son estrade. D'une voix à briser les vitres, il glapit :

« Enfin !... enfin, c'est vous qui...

— Non, Monsieur... Il est naturel que vous ne me compreniez pas bien, car je ne me suis pas encore expliqué. Je ne suis pas le coupable ; punissez-moi quand même. Je me dévoue pour sauver mes condisciples. »

O pitoyable contradiction des idées ! Quelle tempête la colère déchaine dans la conscience d'un homme ! Sainte Morale, à qui nous fier ?

M. Verraleuil avait beau exalter dans ses cours les splendides caractères des héros de Corneille, le dévouement tout antique de l'élève Poteau ne fut pas de son goût. Debout, un poing crispé sur sa chaire, de l'autre il frappa le bois de nombreux coups précipités, dont le dernier envoya sauter l'encrier dans la direction du tableau noir.

« Ah ! çà, ah ! çà !... vous vous fichez de moi, vous ?... A vous tout seul, vous m'accomplirez le total des consignes que j'ai distribuées individuellement à vos condisciples, c'est-à-dire que vous me ferez quatre-vingt-seize heures de retenue, ce qui n'empêchera pas ces messieurs de rester consignés chacun pendant trois heures ! »

Rentré chez lui, M. Verraleuil trouva la rondelette Mme Verraleuil en train de préparer le déjeuner. Il se débarrassa de sa serviette, de son chapeau et de son étroite redingote noire.

« Tu ne t'es pas piqué, au moins ? lui demanda sa femme en riant.

— Pourquoi donc ? répondit-il d'un air détaché.

Parce que... regarde. Vois, lui dit-elle. »

Et elle lui montra une aiguille restée à l'étroite redingote noire, sur l'envers d'un pan qu'elle avait réparé la veille.

M. Verraleuil ne broncha pas. Il ne souffla mot de l'incident à sa femme. Et il ne leva pas la punition du généreux et infortuné Poteau. Au contraire, il jugea sa conduite tellement stupide qu'il le prit en grippe. Il lui donna, systématiquement, des places déplorables dans toutes les compositions. Et, toute l'année, il le nargua, en l'appelant : « Ah ! ah ! Monsieur l'Empaleur à la manque... »

CHARLES DE BUSSY et HENRI LE POINTE.

Photo G. Dambuyant.

Les Mauvais sous

Impromptu en prose rimée

pour un

Concert de charité

par

Émile DELTA

Émile DELTA

En ach'tez-vous, des mauvais sous?
« Ah! ça jamais, m' répondrez-vous.
Pourtant, l' commerce est favorable:
J' fréquente un banquier très aimable,
Qui les r'prend charitablement
En... gardant pour lui trent' pour cent!...
Mais j' connais un' manière plus sûre
De s'en défaire avec usure,
Entre nous, voici mon secret.

(D'un ton très confidentiel)

Fermez la porte et... le volet,
Et, maintenant, si quelqu'un sonne,
Je ne suis plus là pour personne.
Vous possédez un mauvais sou
D'Italie... ou bien du Pérou.
Dès demain, allez à la gare.
Sans perdre de temps. Et dar' dare,
Alors, glissez en tapinois,
Dans la bascul' qui donn' vot' poids,
Votre mauvais sou d'Italie.
Le cadran point ne s'en méfie
Et fonctionne sans un à-coup.
Et sans qu' votre femm' le devine,
Vous jugez d' l'effet d' sa cuisine.
Retrouvez-vous un mauvais sou?
Qu' ce soit un' femme assise ou d'bout,
Ça n'y fait rien. Vite à la gare
Courez encor. Sans crier gare,
Dans la machin' de précision
Qui fait tout un' distribution
D' chocolat ou de parfum'rie,
Mettez ce billon d'Italie...
Et, cett' fois, en rentrant chez vous,
Vous pourrez, en galant époux,
A votre femme souriante,
Offrir des bonbons à la menthe!...

Comment! encore un mauvais sou!
Qu'il provienne de n'importe où,
A vous, madame, étant assise.
De le fair' passer à l'église:
Au premier offic' du matin,
Vous l' glissez dans la large main
De la chaisièr', qui n'y voit goutte;
Quitte, après, si madam' redoute
La colèr' du ciel en courroux,
D' dire à confess' qu' vaut mieux qu' ces sous
— Et l' confesseur de l' reconnaître —
Soient donnés qu' jetés par la fenêtre.
Hélas! Il est tant de mauvais sous
Qu' nous avons l' droit d'en être... saouls;
Aussi, j' prêch' qu'on s'en débarrasse
Par tous les moyens, quoi qu'on fasse...
Un truc qui va vous fair' crier
Mais qu' je recommande à l'homm' marié,
S'il vit sous l' mêm' toit qu' sa bell'-mère:
Qu'il lui vers' donc un' rente viagère
Avec des sous qui n'ont plus cours.
C'est l' plus désagréabl' des tours
Qui lui soit offert, sur mon âme,
De jouer à la mèr' de sa femme.

Envoi

S'il vous reste des mauvais sous,
Oh! maintenant, écoutez tous:
Eloignez-les de l'aumônière
Qui va, discrète et passagère,
A l'instant, vous solliciter.
Amis, faites la Charité.
Donnez un sou, non d'Italie;
Mais de petits sous bien français.
Les gens, de misère accablés,
Auront ainsi, dans leurs mansardes,
Un peu de pain, du feu, des hardes!...

ÉMILE DELTA.

L'Auvergnat réformateur

ou

LA POLITIQUE DE LARFOUILLAT

Monologue récité par

CHAMBARD

du "CONCERT MAYOL"

Photo G. Dambuyant.

Ch'est moi Chélechtin-Clyjopompe Larfouillat, concheiller munichipal de Chaint-Flour, bougri ! Je me dépêche de vous j'y dire, parche que vous ne vous j'en douteriez pas, tellement j'ai peu l'acchent du pays ! Bougri ! C'est que j'ai de l'echtruction, et que j'ai voyagé dans toute la Franche y compris l'Auvergne et ch'est pour cha que les conchytoyens m'ont j'investi de mes fonchtions perpendiculaires j'et électatoires ! Et voichi le dichcours qu'à chette j'occajion je leur ai fait, bougri !

Chytoyens ! Vous vous plaignez que le commerche y marche pas, bougri ! que l'agriculture y marche pas mieux, bougra ! que l'induchtrie y marche pas non plus ! bougri de bougra ! que rien y marche ! Mais chi ! il y a les j'impôts qui marchent toujours !... Et chavez-vous le moyen que j'ai trouvé pour qu'ils marchent plus ! Je vas vous j'y dire !

Eh bien ! faudrait chupprimer tous ches bougri de galapiats de fonchtionnaires, autrement dit ches j'empoyés du gouvernement qui mangent tous les chous de cheux qui les paient ! Et cheux qui les paient ch'est nous, bougri ! Chupprimer le perchepteur qui ramache toute notre galette, chupprimer le garde champêtre qui ramache les filous ! Chupprimer les filous pour qu'il y ait plus de juges ni de prijons ! Chupprimer les cantonniers qui ramachent les chaletés dans la rue !... Chacun ramachera ches chaletés lui même ! Chupprimer les facteurs, cha chera défendu d'écrire des lettres à d'autres qu'à choi ! comme cha elles cheront toutes portées !...

Mais tout cha n'est rien ! faut taper churtout chur les gros !

Prenons le chous-préfet ! Qu'est-che qu'il fait, che galapiat-là ?... Rien ! puichqu'il peut rien faire chans demander la permichion à chon chupérieur, le préfet !... Je chais bien qu'il m'a fait bougrement plaijir quand il a décoré mon cochon pour le comiche agricole !... Mais ch'est égal ! tant pis ! chi mon veau n'est pas décoré la prochaine fois ! Je le chupprime, le chous-préfet, puichqu'il peut rien faire par lui-même ! N'en voilà-t-y pas des j'économies !...

Enchuite, je prends le préfet !... Qu'est-che qu'il fait, che galapiat-là ? Rien ! puichqu'il peut rien faire chans demander la permichion à chon chupérieur le minichtre !... Je chais bien qu'il m'a fait bougrement plaijir quand il a donné les palmes j'académiques j'à mon oncle qui ne chait ni lire ni écrire ! Mais ch'est égal ! tant pis chi ma tante ne les j'a pas les palmes j'académiques, je chupprime le préfet puichqu'il peut rien faire par lui-même ! Hein ! N'en voilà-t-y pas des j'économies ?

Enchuite, faut voir le minichtre !... Cha ch'est plus grave !... Mais qu'eche qu'il fait bien, che galapiat-là ? Pas grand choje, puichqu'il peut rien faire chans demander la permichion à chon chupérieur, le Préjident de la République ! Je chais bien qu'il nous j'a fait bougrement plaijir à touch, quand il est venu j'inaugurer le chalet de nécessité qu'on a fait à la gare ! Mais ch'est égal ! bougri ! on fera bien nos petits bejoins chans lui ! Je chupprime le minichtre puichqu'il peut rien faire par lui-même ! Hein ! N'en voilà-t-y pas des j'économies ?

Enchuite, il n'y a plus que le Préjident de la République. Pour chelui-là ! on ne peut pas j'y toucher, parche qu'il en fait bougrement du travail ! Il grachie tous les condamnés j'à mort ! Cheulement, il coûte cher, bougri de bougra ! Et il ne peut rien faire chans les députés j'et les chénateurs ! Alors, je le chupprime puichqu'il ne peut rien faire par lui-même ! Hein ! En voilà-t-y pas des j'économies ?

Et puis, dites donc ! Ches galapiats de députés j'et de chénateurs, peuvent-ils faire quelque choje chans nous ? Non ! puichque nous les j'avons tous nommés ! Ils ne peuvent rien chans nous ! Eh bien ! je les chupprime tous, bougri !

Et comme il ne rechtera plus personne, pour faire marcher la France, y rechtera plus que les j'Auvergnats ! Bougri de Bougra !

COLONGE et PION.

L'ESBROUFEUR

MONOLOGUE

[illegible]

Mesdames, Mesdemoiselles, Messieurs,

[illegible]

TRAMEL

[illegible]

(Il salue et sort.)

[illegible]

LE GRAIN DE BEAUTÉ

MONOLOGUE DE SALON

Nous étions seuls, Suzanne et moi,
Elle, langoureuse et troublante,
Dans une pose nonchalante,
Moi, le cœur plein d'un doux émoi.
Son torse, joliment cambré,
Caché sous de fines dentelles,
Laissait voir des épaules telles
Que mon être en fut enivré.
Sa poitrine aux seins rebondis
Montrait de jolis endroits roses,
Laissant voir des apothéoses
A mes regards ébaubis.
Un parfum subtil et troublant

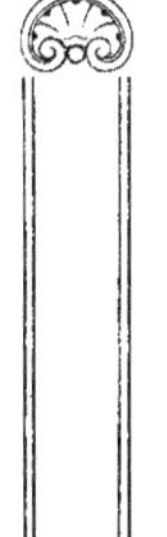

Montait de toutes ces merveilles,
Et des ivresses sans pareilles
Grisaient mon pauvre cœur d'amant.
Soudain, un mignon grain de beauté
Apparut sur sa chair candide;
Ma lèvre, jusque-là timide,
Voulut avec avidité
Se poser en ce coin charmant;
Mon être entier tressaillait d'aise.
Horreur !... C'était une punaise.
Ah ! mes amis, c'est dégoûtant.

PAUL MARTEL.

LA PROVIDENCE

Par un beau dimanch' de printemps
Que je m' baladais dans les champs,
A la douce... en properriétaire,
Content surtout de ne rien faire...
J' m'étais, afin d' me délasser,
Assis su' l' talus d'un foussé...
Et là, tranquille et sans maguière,
Fumant ma bouffarde en bruyère,
Je r'gardais, d'un œil paresseux,
D'vant moi un troupeau d' vach's et d' bœufs
Qui dans la prairi' broutait l'herbe.
Comme i' faisait un temps superbe,
On entendait d' tous les coutés
Dans les arbr's les moigneaux chanter;
Autour de moi, les hirondelles
S' poursuivaient en battant des ailes...
Et j' me disais : « C'est épatant !
L' bon Dieu, qu'on dit malin pourtant,
S'a pas foulé, la chose est sûre,
Quand c'est qu'il a fait la Nature !...
Car fair' voler les p'tits moigneaux
C'est tout simple et pas rigolo...
J' trouv' pas ça ben extr'ordinaire,
Car c'était pas malin à faire !...
S'il avait fait voler les bœufs,
Ah ! v'là queuqu' chos' qui s'rait curieux ! !
J' sais ben que j' n'ai pas beaucoup d' science...
Mais, si j' m'app'lais la Providence,
J'aurais fait queuqu' chos' dans c' genr'-là
Pour que tout l' monde en soit baba ! ! ... »
Et, m'étant l'vé sur ces paroles,
V'là tout d'un coup qu'i' m' dégringole
Queuqu' chos' de pas propr' sur le front.
Savez-vous d'où me v'nait c't' affront ?...
Les oiseaux... ça n'a pas d' décence !...
Ça sait pas c' que c'est qu' les convenances ! !...
Une hirondell', sans pus s' gêner,
Su' ma figur' v'nait d' s'oublier ! !...
Alors je m' dis : « Tiens, mais j'y pense...
J' vois ben maintenant qu' la Providence
Fait ben c' qu'a fait, ça, c'est certain,
A' n'a pas besoin d'un coup d' main !...
Car vrai, qu'est-c' que ça s'rait si, comm' les hirondelles,
Tous ces grands bœufs, là-bas, avaient aussi des ailes ! !... »

ANDRÉ CHENAL.

AU TÉLÉPHONE

J' vas vous conter eun' drôl' d'histoire !...
Hier dimanch' qu'on faisait rien,
J' m'en étais allé sur la foire
Histoir' de voir... des comédiens...
Y' avait des manèg's magnifiques
De ch'vaux d' bois... des pa... na... ma... ras !
Et des baraqu's... et des boutiques !
Ah dam', ça... y' en avait... des tas ! !
Voyons... que j' dis, quoi que j' vas faire ?
Dans qué' baraqu' que j' vas rentrer ?
J'irais ben partout !... la misère
C'est que j' veux pas trop dépenser !...
Si j'allais à la ménag'rie ?
Ah ! non... ça coût' dans les vingt sous !...
Pour voir des bêt's... jamais d' la vie !...
J' n'en vois déjà ben assez chez nous ! !...
J' me d'mandais donc comme eun' vieille bête
C' que j'allais fair' de mon poignon...
Quand v'là qu' j'aperçois sur la fête
Eun' baraqu'... comme eun' p'tit' maison ! !...
Alle était d'apparence modeste...
Tout' seul' dans un coin renfoncé...
Et su' la port', jaun' comme tout l' reste,
Y' avait d'écrit : « W. C. » ! !...
Tiens... que j' me dis... c'est épatant !...
V'là tout d' même eun' ben drôle d'affaire !...
Y' a qué' qu' chos' là-d'ssous... surément...
D'vant tout's les aut's c'est un tonnerre
De tambours, gross' caisse et pistons !...
Ici gn'a rien !... juste... ej' me doute
Qu'on doit y voir queuqu' chos' de bon ! !...
Après tout... j' risque rien ! En route ! !...

. . . .

La bonn' femme assis' d'vant eun' table,
Ousqu'all' empilait des journaux,
Avait l'air, ma foi, ben conv'nable !
J'y dis, en enl'vant mon chapeau :
« Madam', ça n'est pas que je sois chiche,
Mais... combien donc qu' faut vous donner ?...
Vous savez ben... on n'est pas riche !
Si c'est trop cher... j' peux pas rentrer !... »
V'là la bonn' femm' qui s' met à rire...
« Trois sous !... et on pai' qu'en sortant ! »
« Côté des Homm's. Entrez maint'nant ! »
Pis all' se r'tourne et j' l'entends m' dire :

Trois sous ?... que j' dis... c'est pas eun' somme
Dans les autr's théâtr's... c'est ruineux !...
J' m'enfil' donc... dans l' « côté des hommes »
Par un p'tit couloir ténébreux...
Ensuite j' pousse un' petit' porte...
J' vois un banc ! et d'dans... un trou rond.
« Sapristi, que j' fais, le diable l'emporte,
Son p'tit théâtre... I' n' sent pas bon !... »
Moi, j' m'assieds su' l' banc sans méfiance...
J' me mets à lire, en attendant
Que la r'présentation commence,
Les bouts d' journaux qu'étaient su' l' banc !...
Au bout d'une heur'... j' me dis : « Tout de même
Ça va donc jamais commencer ?
A' veut qu' j'y couche dans son système !
Ça va finir par m'asphyxier !... »
R'buté, je m' lève pour prendre la fuite...
Quand v'là que j'aperçois près du rond
Chos' que j'avais pas vue tout de suite...
Comm' qui dirait... un gros bouton ! !
J' me dis : « C'te cuvette en faïence,
C' bouton-là, nom de nom d'un chien,
I's serv'nt si qu'ils sont là, que j' pense,
Seul'ment, dame, à quoi ? j'en sais rien !... »
Tout à coup, j' me dis : « Alle est bonne,
C'est pas un théâtre... j' suis fou !
C'est c' qui s'appell'nt un *téréphone*...
Attends... j' m'en vas crier dans l' trou !... »
J'approch' ma tête de l'ouverture,
J' tir' le bouton et j' crie : « Allo ! »
Mais au mêm' coup... en plein' figure,
V'là ben qu' ça m'en envoi'... de l'eau ! !...
« Ah ! ben ça, que j' dis, alle est forte... »
Ej' flanqu' deux grands coups d' pied dans l' banc
Et j' pars faisant claquer la porte...
Ben sûr que j'étais pas content ! !
En r'passant d'vant la vieill' bonne femme
A' m' dit : « Ben vous y avez mis l' temps !...
J' croyais qu' vous aviez rendu l'âme,
Ça été... mais difficil'ment !
« Ah ! ça, que j' dis, soyez-en sûre,
Tenez, v'là tout de même vos trois sous !...
Seul'ment vot' truc, ej' vous assure,
Que j'y' ai ben rien compris du tout ! ! »

André Chenat.

SOUFFLER N'EST PAS JOUER

Monologue de Charles DE BUSSY et Henri LE POINTE

(Le souffleur sort de sa boîte en criant.)

Aïe !... oh !... ah ! je ne peux plus rester là-dedans, il n'y a vraiment pas moyen... on me fait trop de farces dans cette boîte. A l'instant, l'ingénue vient de m'ouvrir une souricière dans les mollets. Si vous croyez que c'est agréable !

Je souffle !... Voilà treize ans que je souffle !... Ah ! quel métier, parlons-en !... Voulez-vous bien que nous en parlions un peu ?

Le souffleur est presque toujours un ancien bachelier en retraite. Il faut avoir fait ses études. Ainsi, moi, tel que vous me voyez, je ne suis pas le premier venu. Oh ! non, je ne suis pas le premier venu. Ma mère a eu quatorze enfants, et je suis le treizième...

Ce chiffre de treize m'a poursuivi au cours de toute ma vie. A treize jours, en tétant, j'ai si fort mordu ma nourrice que, pour se venger, elle me pinça furieusement la gorge. Cette pression devait décider de ma carrière.

En effet, treize ans après, ce pincement ayant déterminé dans mon organisme un asthme chronique, soufflant comme une locomotive, j'allai consulter un médecin qui me conseilla la profession de souffleur... C'est ainsi que naquit ma vocation pour le théâtre.

A quatorze ans et treize jours, c'est-à-dire exactement à treize ans et treize mois, je tentai de me présenter comme souffleur à la Comédie-Française. Après de nombreuses lettres de recommandations, je parvins à obtenir une audience et, accompagné de ma brave femme de mère, je fus reçu par le concierge.

Celui-ci, qui est un personnage très digne, bien que recouvert d'une calotte, me répondit froidement que la Comédie-Française n'employait pas des galopins de mon âge pour souffler messieurs les artistes, et que je pourrais repasser dans une treizaine d'années, si, d'ici-là, j'avais passé ma licence ès lettres, si j'étais au moins officier d'Académie, et si j'étais spécialement proposé par le ministre des Beaux-Arts.

Ma brave femme de mère fut tout émue de cette réplique : « Polydore, me dit-elle (car je m'appelle Polydore, un nom bien distingué, n'est-ce pas ?), Polydore, oui, il faut que tu sois souffleur. D'après ce que ce concierge nous a dit, l'état de souffleur est une digne profession ! Mais y arriveras-tu ? Il va falloir beaucoup travailler pour tâcher d'y parvenir ! »

J'ai bûché, j'ai trimé, j'ai passé avec succès treize examens. Je me suis même, sans rien faire pour cela, guéri de mon asthme. Et je suis aujourd'hui, non pas souffleur à la Comédie-Française, mais souffleur dans le bel établissement où vous me voyez. Pour cela, il m'a suffi d'avoir, non pas l'appui d'un ministre, mais celui... d'une danseuse, ce qui me fut plus facile, grâce à mon joli prénom : Polydore !...

Je souffle !... Voilà treize ans que je souffle !...

Et, comme je vous l'ai dit, l'ingénue, sous la scène, m'ouvre des souricières dans les mollets !... Et, comme je ne vous l'ai pas dit, hier, dans ma niche, je me suis assis sur du verre cassé... et, la semaine dernière, pendant que je soufflais, le second comique m'a fait partir un siphon d'eau de Seltz dans la figure.

Pourquoi ces farces ? Parce que, à force de me voir aussi bas que leurs pieds, les artistes se croient plus haut que moi ! Ah ! misère !... Mais, pour moi, savent-ils qu'ils ne sont bien souvent que des pieds ? Moi qui suis leur juge, moi qui tiens en main le texte exact qu'ils ont mission d'interpréter, comme je remarque leurs imperfections ! Aucune de leurs fautes ne m'échappe !... Quand ils se trompent, quand ils ne savent plus, quand leur mémoire est vide, moi, seul, je puis les sauver !... Et, pour me remercier, ils me traitent en pantin de Guignol !...

Aussi, quelquefois, je me venge. Et, en me vengeant, j'assouvis une rancune : la rancune qui me hante de ne pas être moi-même un acteur !

Quand un artiste n'a pas été gentil avec moi, quelle satisfaction de pouvoir le laisser en panne, en ne lui soufflant rien, ou en lui soufflant une phrase qui lui fait passer un froid dans le dos, par exemple : « Hein ! mon vieux, te v'là en carafe !... »

L'autre soir, j'ai été heureux comme un colimaçon sur une feuille de chou ! Pensez donc !... J'ai gardé la grande coquette pendant trois minutes, le bec dans l'eau. Trois minutes, montre en main !... Ah ! ce que je rigolais dans ma niche, en la voyant s'éventer désespérément !

Il faut vous dire que, la veille, avec la traîne de sa robe, elle avait fait exprès de m'envoyer des paquets de poussière dans les yeux et dans la bouche !... Pendant toute la durée d'un acte, je ne pouvais plus voir et j'éternuais comme un grime de troisième ordre !... C'est pourquoi, le lendemain, j'ai tenu à me venger. Elle entre en scène, avec sa fameuse grande robe qui n'en finit pas, d'une main tenant une rose, et de l'autre agitant fébrilement son éventail. Le décor représente un parc. Elle avance vers un banc et s'asseoit en disant :

Du grillon seul j'entends la chanson cristalline.
Comme cette nuit calme agite ma poitrine !
Va-t-il au rendez-vous accourir, plein d'amour,
Ou vais-je sur ce banc l'attendre jusqu'au jour ?
Ah ! que, s'il ne vient pas, sous mon talon, j'écrase
Son...

Son... son ?... Plus rien. Elle s'était lancée dans sa tirade à pleine voix, et... plus rien !... Son... son ?... le bec dans l'eau, la carafe, la panne dans toute sa majesté !... Ce que je rigolais !... Elle avait beau jeter sur moi des regards suppliants, je me tordais à faire péter mes bretelles !... Son... son ?... Un spectateur, dans la salle, fredonna : « Son, sonnaine, son son ! » Ça y était !... Elle s'était fait cueillir !... La pipe !... La grande coquette était emboîtée !... J'étais vengé !... Alors, tranquillement, je lui murmurai :

Son orgueil et l'éclat glorieux qui l'embrase !...

Mais voilà que, dans son trouble, au lieu de dire qu'elle écrase :

Son orgueil et l'éclat glorieux qui l'embrase !...

elle se met à prononcer :

Son gros œil et le bras orgueilleux de son vase !...

Ce fut du délire ! Ah ! le métier de souffleur a ses joies, lui aussi !...

Souffler n'est pas jouer, évidemment !... Et pourtant, quelquefois, c'est... jouer des tours !

Mesdames, messieurs, quand vous applaudirez les artistes, pensez aussi un peu au pauvre souffleur... Au treizième rappel, je saurai que c'est pour moi.

(Il salue et sort.)

CHARLES DE BUSSY et HENRI LE POINTE.

Photo G. Dambuyant

LÉON FAVEY

Médecine à deux Fins

par André CHENAL

Ma foi, queupart ben qu' oui, j' cré ben que l' Guiàb' s'en mêle,
Pas moyen d'y couper quand c'est qu' çà s'emmanch' mal !...
Après la g'lée c'est l'iau, après l'iau, c'est la grêle
Et pis la maladi' su' l' monde et su' l' bestial !
L' mois dargnier, v'là-t-y pas qu'un soir, ma pouver' femme
En rentrant d' la bremaille attrape un chaud-ferdis
V'là l'catèr' qui l'empoigne... a' toussait à rend' l'âme
Si tell'ment ben, qu'il a fallu qu'a s' mette au lit.
Mais pandiment c' temps là, nout' viau, un viau d' six s'mai-
Un viau qui v'nait exprès et qu' était beau comm' tout [nes,
(Quoéque j' l'avins eul'vé avec pas mal de peine),
Attrape eun' peul'monie... le v'là qui tousse itou !...
Un matin, la bourgeoise a' m' dit : « Acout' don' l' père,
Tu dev'rais ben aller qu'ri l' méd'cin ! » Mais j'y dis :
« J' m'en vas d'abord aller charcher l' vatérinére !...
Parde un viau d' dix pistol's... ben ça f'rait du joli !!... »
Sitôt dit, sitôt fait, ben vite cj' casse eun' croûte,
J'aval' deux, trois canons, j' mets la Blanche en limon,
J' pouill' ma blous' des dimanch's, ma piau d' bique... et en
Me v'là parti tout dret au *chefe-lieu* d' canton... [route !
J' vas cheux l' vatérinér', j'y racont' la bricole.
« Bon ! qui dit. J' voirons çà... ça s'ra p't-êt' ren du tout ! »
Et comme c't' homme, il a sa voéture à pétrole,
J'étais encôr' ben loin qu'il' tait déjà cheux nous !...
Quand qu' c'est qu' j'ai été là : « Ça l' tient dans la poitrine ! »
Qu'i' m' dit. Dans sa voétur' y' avait tout c' que fallait...
Il avoint d'dans sa boète eune espèc' de méd'cine :
« Tenez, vous y f'rez prend' tous les jours, dans du lait. »
Quand qu'i' s'est en allé, j' m'en vas trouver ma vieille,
J'y dis : « Tu sais c' que c'est, l' méd'cin c'est ben coûteux,
Pis'que ta maladie est quasiment pareille,
J' compt' ben qu' vous pourrais prend' la bouteill' en vous
[deux !
— Arrié ! T' as ben raison, qu'a' m' dit comm' ça, mon Pierre,
Si j' voyins nout' méd'cin, çà nous f'rait ben du coût
Et pisqu' avec le viau, j'avons la même affére,
J' prenrons la mêm' bouteill' — çà f'ra d'eun' pierr' deux
[coups ! »

. . . .

Eh ben, depuis c' temps-là, ça me r'tourn' la bobine,
Y a pas besoin, pas vré, d'êt' méd'cin d'animaux !
Vous m' crérez si vous v'lez... mais sa sacré' méd'cine
All' a sauvé ma femme... et fait crever mon viau !!!

ANDRÉ CHENAL.

LE PETIT FRÈRE

Petit poème pour Enfants

Sous un chêne dont le feuillage
Répandait dans le voisinage
Une bienfaisante fraîcheur,
Une grand'mère, l'œil moqueur,
Ecoutait l'histoire gentille
Qu'une mignonne petite fille
Lui racontait avec candeur.
L'enfant disait d'un ton rieur :
« Mémé, je vais tout bas t'apprendre,
Et cela va bien te surprendre,
Un grand nouveau :
Sous un chou, ma petite mère
A fait pousser un petit frère,
Dit-on, très beau.
Tu n'étais pas, bonne grand'mère,
Au courant de tout ce mystère,
Et c'est très mal !...
A moi, comme bien tu le penses,
On avait fait des confidences,
C'était fatal !...
Je savais, je puis te le dire,
Et déjà je te vois en rire,
Que mon papa
Avait rapporté de Beaucaire
Une graine très salutaire
Qu'il acheta
Au prix d'une très forte somme !...
Oh !... si pour l'achat du jeune homme
J'eus été là,
La dépense eût été moins grande
Car papa jamais ne marchande,
Tu sais cela !...
Bref !... à la saison printanière,
On a semé mon petit frère,
Comme un pourpier,
Voilà pourquoi, la mine fière,
Monsieur parait à la lumière
Le trois janvier.
Mais une chose me tourmente !
C'est que maman fut si contente
Du cher petit,
Qu'elle eut une crise subite
De grande joie et, qu'à sa suite,
Elle est au lit.
Elle est vraiment très malheureuse
D'être aussi sottement nerveuse
Pour un gros rien,
Elle n'aura jamais, grand'mère,
Un énergique caractère
Comme le mien.
Allons, vite, mets ta mantille,
Nous irons acheter en ville
Un biberon,
Avec lui, bientôt je l'espère,
Je ferai de mon petit frère
Un vrai luron. »

LOUIS FAURE.

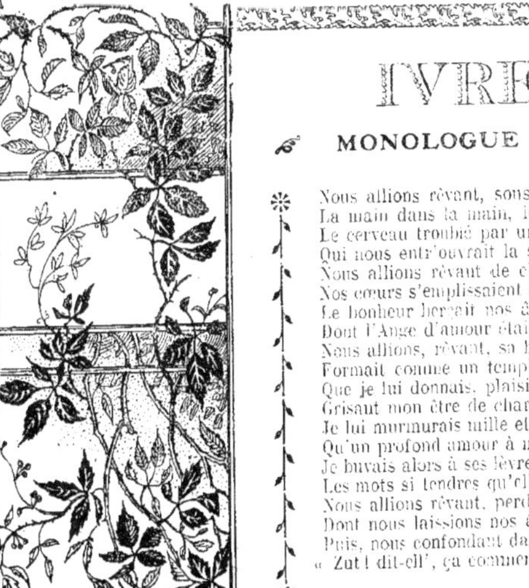

IVRESSE

MONOLOGUE DE SALON

Nous allions rêvant, sous le frais ombrage,
La main dans la main, les yeux dans les yeux,
Le cerveau troublé par un doux mirage
Qui nous entr'ouvrait la splendeur des cieux.
Nous allions rêvant de choses exquises,
Nos cœurs s'emplissaient d'un profond émoi,
Le bonheur berçait nos âmes éprises
Dont l'Ange d'amour était le seul roi.
Nous allions, rêvant, sa bouche adorable
Formait comme un temple aux baisers brûlants
Que je lui donnais, plaisir délectable,
Grisant mon être de charmes troublants.
Je lui murmurais mille et mille choses
Qu'un profond amour à mon cœur dictait,
Je buvais alors à ses lèvres roses
Les mots si tendres qu'elle répondait.
Nous allions rêvant, perdus dans l'ivresse
Dont nous laissions nos âmes se griser,
Puis, nous confondant dans une caresse :
« Zut ! dit-ell', ça commence à me raser. »

PAUL MARTEL.

FABLES-EXPRESS

par André CHENAL

Récitées par GALIPAUX

Sans me prétendre un homme AFFABLE,
Comme Lafontaine ou Florian,
Je vais vous dire quelques fables,
(Esprit d'Esop', sois-moi clément!)
Mais... vous n'aurez plus ces airs rogues,
Lorsque vous aurez constaté
Que tous mes petits apologues
Sont remplis de... MORALITÉS!!!

I

Un jour, un crocodile, en deux ou trois gorgées,
Sur les rives du Nil avalait un enfant,
Et le pauvre petit n'avait pas même un an.

MORALITÉ

L'AVALEUR *n'attend pas le nombre des années!*

II

La fillette s'avance, entre ses mains tenant
Une tartin' de confitures,
Qu'elle dévore à belles dents,
En s'en barbouillant la figure...

MORALITÉ

LA PETITE *vient en mangeant!...*

III

Un marmiton gourmand barbotait sans scrupule
Au sein d'un godiveau..., tout à coup il se brûle
Et retire sa main..., pleurnichant très fâché.

MORALITÉ

On est toujours puni par où l'on a PÉCHÉ.

IV

Un nègre de l'Afriqu', tout noir comme l'ébène,
Qu'on avait invité pour un' soirée mondaine,
Y vint... tout nu... sans sourciller...

MORALITÉ

Le NOIR *est toujours habillé!*

V

Au cinquième, un locataire
Précipitait de son palier
Sa concierge, horrible Cerbère!...

MORALITÉ

La concierge est dans l'escalier.

VI

Un charcutier, portant en vill' des pieds d' porc frais,
Les laissa choir, hélas! au milieu de la boue.
La client' qui les r'çut fit une affreuse moue!

MORALITÉ

Essuiez vos pieds, s'il vous plait.

VII

Monsieur Maurice Donnay, le très fertile auteur,
Du Théâtre-Français atteignant les hauteurs,
Ne fait pas de chefs-d'œuvr', mais sa « forme » est très bonne...

MORALITÉ

La façon de DONNAY *vaut mieux que ce qu'il donne.*

VIII

Sur les Champs-Elysées, un tout petit garçon,
D'un' marchand' de plaisirs, un beau jour se fit vendre
Tous les gâteaux..., il eut une indigestion!!!

MORALITÉ

Quand on prend du PLAISIR, *on n'en saurait trop prendre!*

IX

Un manchot d' la main droite s'honore
De s'courir les infortunés,

MORALITÉ

Et toujours sa main droite ignore
Ce que la gauche a pu donner...

X

Dans un dîner, il faut toujours, quoi que l'on fasse,
Un potage quelconqu', ça n' fait pas l'ombr' d'un fil,
Ou bien une soup' maigre... ou bien une soup' grasse.

MORALITÉ

C'est la GRASS' *que j' vous souhaite!*

Ainsi soit-il!!!

Un Moyen de payer ses Dettes

Monologue comique

Gaston, un mien ami, bon cœur mais tête folle,
Devait un peu partout. Or, un riche épicier,
A qui Gaston devait deux cents francs sur parole,
Vint lui rendre visite à la fin de janvier :
« Désolé, dit l'intrus, mais je dois vous le dire,
Je ne sortirai pas sans avoir mon argent. »
L'air pensif, Gaston prend ce qu'il faut pour écrire :
« Tiens ! Qu'allez-vous donc faire ? — Eh ! mais... mon testament. »
Voilà notre épicier qui se met à se tordre.
« Sortez ! lui dit Gaston, ou je vous flanque en bas.
— Tout ça, ça m'est égal. Point ne veux en démordre ;
Je vous l'ai déjà dit : je ne sortirai pas. »
Grave comme un tribun revêtu de la toge,
Gaston ouvre un tiroir et sort son revolver.
« Ah ! Ah ! fait l'épicier, j'ai saisi l'apologue,
C'est pour m'intimider ; ça ne prend pas, mon cher.
Puisque je ne peux pas vous sortir, mon compère,
Vous sortirez tout seul, ça, je vous en réponds.
— Des mots, dit l'épicier ; cela ne m'émeut guère.
— C'est ce que nous verrons. — C'est ce que nous verrons. »
Voyant que son bourreau le prenait de la sorte,
Gaston, très froidement, sans proférer un mot,
Se met à calfeutrer la fenêtre et la porte,
Et tout près d'un fauteuil il allume un réchaud,
Puis il s'asseoit. Bientôt une fumée épaisse
S'élève, envahit tout. Quelques instants après,
Une odeur de charbon se répand dans la pièce.
A moitié suffoqué, l'épicier crie : « Ah ! mais...
— Comment ! lui dit Gaston ; vous vouliez, ce me semble,
Tantôt rester ici ? C'est bien simple : en ce cas
Restez. — Je veux sortir. — Non, nous mourrons ensemble.
— Monsieur, je veux sortir. — Vous ne sortirez pas. »
Mais soudain l'épicier tombe sur une chaise :
« Ouvrez ! s'écriait-il ; tenez, voilà deux louis.
— Jamais ! — De l'air ! Ouvrez ! Je me sens mal à l'aise !
— Jamais ! — Voilà cinq louis ! Tenez, en voilà dix ! »
Gaston empoche tout, puis il ouvre la porte.
L'autre ne fait qu'un bond : « Oh ! la la ! Sapristi !
Fait-il sur le seuil ; il était temps que je sorte !
Bonjour, monsieur Gaston ; au revoir et merci. »

J. Baldran.

Le terrible duelliste Bagassou

MONOLOGUE

Bagassou, natif de Provence,
Insulta Vougri l'Auverpin,
Et lui cria : « *Pour cette offense,*
Je te transpercerai demain !
Tu vas me faire des excuses !

— **Des jexcuj's, dit Vougri, jamais !**
Il ne faut pas que tu t'abuses !
Ch'est toi, l'inchulteur Marcheillais !
— *Oui, mais tu sais, je suis terrible,*
C'est moi le duellist' sans pareil !
A l'épé', je suis invincible,
J' perc'rai la terre et le soleil !
Tandis que toi... qu'as-tu de salle ?
Boudiou t'en prendre à moi, c'est fou ... »
Là-d'ssus, v'là Vougri qui s'emballe :

« **Moi, j'ai rien d'chal' ! j' chuis propr' partout !...**
— *Je te parl' de sall' d'arm's, vieux frère !*
Qu' je porte un' bott' ! vlan ! t'es tué !
— **Un' bott' ! bougri ! la belle affaire !**
Moi, j'te port'rai mes deux souliers !
— « *Tu n' veux pas m' fair' des excuses,*
A moi qu'ai pitié de ton sort ?
— **Non !** dit l'Auvergnat, **je refuse !**
— C'est bon, r'prit l'autr', *t'es un homm' mort !*
C'est demain que sera le drame,
Mais t'es déjà dans le cercueil ;
Et tu peux mêm' dire à ta femme
Qu'elle aill' se commander son deuil ! »

Le lendemain, l'air calme et digne,
Ils sont tous deux l'épée en main ;
L' Marseillais dit : « *Faut qu' je me résigne*
A te clouer sur le terrain !
Mais troun' de lair ! je suis bon type !
Fais des excus's ! j' t'offr' le pardon ! »
Vougri répond : « **Cach'-moi la pipe !**
Mais des jexcuj's ! non ! mill' fois non ! »

Alors, Bagassou, plein d' colère,
Cria : « *J' veux pas t'assassiner !*

Photo G. Dambuyant

MONTEL

Demand' pardon ! eh ! ver de terre !
— **Non ! dit Vougri, tu peux m' percher !** »

L' Marseillais, écumant de rage :
« *Tu n' veux pas implorer l' pardon ?*
A g'noux ! des excus's pour l'outrage ?
— **Non !** reprit Vougri ! **mill' fois non !**
— *J' vais t'écraser comme un tonnerre,*
Dit Bagassou, *mais j' suis trop bon !*
A g'noux d'vant mon adversaire,
C'est moi qui te demand' pardon ! »

COLONGE et PION.

NOTA. — Les mots en italique doivent être dits avec l'accent marseillais, les mots en caractères gras avec l'accent auvergnat.

LE DOCTEUR LA GUIGNE

MONOLOGUE

Avez-vous de la chance ? Moi, je n'en ai pas du tout... je n'en ai jamais eu.

Gamin, lorsque j'allais me promener avec mes parents, ça ne ratait pas : ou mon chapeau s'envolait à la rivière, ou je perdais mon soulier dans un égout, ou je cassais quelque chose à la devanture d'un marchand, ou j'étais pris d'une colique atroce, en pleine visite, chez de braves gens qui étaient navrés de mon indisposition, mais qui ne m'en prenaient pas moins en grippe.

Jeune homme, quand je me payais le théâtre, j'avais toujours devant moi une bonne femme énorme dont les « assises » plantureuses me cachaient la scène. Si je m'avisais de prendre un autobus, au sortir du spectable, le conducteur me cinglait du sacramentel : « Complet » et, après avoir raté une cinquantaine de voitures, je m'appuyais, à pied, une dizaine de kilomètres pour rentrer chez moi où le concierge ne m'ouvrait qu'au centième coup de sonnette. Vous vous imaginez la réception que me faisait alors mon père pour ne revenir qu'à trois ou quatre heures du matin !

La même déveine me poursuivit jusqu'à mon mariage qui, du reste, a été manqué. J'étais tombé amoureux d'une charmante jeune fille, douce, aimable, tendre, bien élevée ; elle m'appelait son petit cochon-dinde, [illegible] délicieux.

[illegible], me dis-je un jour, je ne retrouverai une occasion pareille, profitons-en !

Je fais ma demande à la famille et la mère me répond : « Ah ! pourquoi n'avoir pas parlé plus tôt ! Nous nous doutions bien que vous aviez un petit penchant pour notre fille, mais comme vous ne vous décidiez pas, nous avons cru à une simple amitié et nous venons de promettre la main de Bichette à votre ami Gourdillard, qui est parti, il n'y a pas cinq minutes ! »

Hein ! rater le bonheur pour cinq minutes, ce n'est pas avoir de chance, tout de même ?

Dans ma profession — je suis médecin — cela avait bien commencé. J'avais une bonne clientèle moyenne, des gens sérieux, payant peu, mais rubis sur l'ongle !... Vous croyez que ça a continué ?... Ah ! bien ouiche !... Au bout de deux ans, j'avais fait claquer tous mes malades, et il n'en vint pas de nouveaux ! Vous comprenez, dans le public, ces choses-là se répètent, et tout le monde, dans mon quartier, m'appelait le docteur La Guigne !

Alors, un beau matin, je pris mes cliques et mes claques et je me dis : « C'est peut-être l'air de Paris qui ne vaut rien, je vais m'établir à la campagne ! »

Une place de morticole se trouvait vacante à Estampeville-la-Gracieuse, dans le Calvados. J'y cours. Joli pays, bonnes têtes, mais quelle santé, mes seigneurs ! Six mois se passent sans apercevoir le plus petit client !... J'étais navré, lorsqu'un jour on sonne à ma porte. Je me hâte d'aller ouvrir et je me trouve en présence du père Thomas, le maréchal-ferrant de l'endroit, qui venait me chercher pour sa femme alitée.

« C'est bien, lui dis-je, je vais faire mon possible pour remettre votre femme sur pied ; seulement, comme les

Photo G. Dambuyant.

HENRI LE POINTE

bons comptes font les bons amis, je fixe mes honoraires. »

Thomas tire alors de sa poche un vieux bas de laine et, l'entr'ouvrant, me fait voir une vingtaine d'écus, agrémentés de quelques pièces d'or :

« Voyez, y a là d' quoé vous payer... Vrai, si vous saôvez la vieille, j' vous paierai jusqu'au dreigné centime et, si vous la tuez, j' vous paierai quand même ! Y a pas d'exposition, vous voyez ?

— Oh ! fis-je, j'ai parfaitement confiance en vous, père Thomas ! »

Inutile de vous dire qu'après trois jours de mes soins les plus dévoués, la bonne femme était passée de vie à trépas !... La guigne, quoi !... toujours la guigne !

Une quinzaine après l'enterrement, je vais pour toucher mes honoraires :

« Mé, j' vous doé rin, prétendit Thomas !

— Comment, vous ne me devez rien ?... Et mes visites à votre défunte... et votre promesse de me payer quoi qu'il arrive... avez vous oublié ? »

Alors, le madré compère de répondre :

« D' qué que j' sommes convenus ?... Si vous saôvez la vieille, j' vous paierai jusqu'au dreigné centime et si vous la tuez, j' vous paierai quand même !... C'est y pas ça que j' vous ai dit ?... Or, l'a vou' saôvée ? — Non !...

— Mais, l'a vou' tuée ?

— Non plus... c'est sa maladie !...

— Eh bin alor', quoiqu' j' vou' doé ? »

Et, bourrant sa pipe, il me tourna le dos !... Toujours la guigne !

Aussi, je viens de quitter Estampeville-la-Gracieuse et de réintégrer Paris. *(Souriant d'un air engageant.)* Si, parmi vous, Mesdames et Messieurs, il se trouve des personnes qui veulent m'honorer de leur confiance, je suis prêt à leur donner mes soins les plus éclairés !... *(Après un temps.)* Personne ne répond ? *(Disparaissant en levant les bras au ciel.)* Oh ! la guigne, la guigne !

HENRI LE POINTE.

Deuxième Partie

MONOLOGUES CHOISIS

Pour Fiançailles, Noces et Cérémonies

POUR

Jeunes Gens

ET POUR

Jeunes Filles

- Pour choisir un Mari
- Le Garçon d'Honneur
- La Demoiselle d'Honneur
- Le Porte-Bonheur
- Les six Fiancés à l'épreuve
- Comment on trouve un Fiancé

POUR CHOISIR UN MARI

Monologue pour Jeunes Filles

Me voilà maintenant à l'âge
Où fillette sage
Peut assurément,
Sans se mettre martel en tête,
Rêver la conquête
D'un Prince charmant.
Mais hélas ! comment le prendrai-je ?
Vieux, blanc comme neige,
Jeune, blond ou brun ?
Sera-t-il pauvre ou millionnaire ?...
Vraiment comment faire
Pour en choisir un ?
Il faut bien que je me décide
Avant qu'une ride
Dépare mes traits,
Car rester toujours vieille fille,
Cadran sans aiguille...
Oh ! ça non, jamais !
J'ai voulu dans ce cas extrême
Consulter quand même
Quelques bons amis.
Et chacun en toute franchise
De façon précise
M'a dit son avis.
Ma voisine : « Un blond, c'est fadasse ;
Gentil, mais mollasse...
Tel est mon époux ! »
Ma cousine : « Un brun n'est pas tendre...
Quand on sait le prendre,
Il devient très doux. »
« Prends un riche, m'a dit grand-père,
Car le pauvre hère
Est un piètre gars ;
Devant l'or, vois-tu, tout s'efface,
Et quand Crésus passe :
« Messieurs, chapeau bas ! »
« Mon enfant, m'a dit l'oncle Eugène,
J'ai la soixantaine...
Ne prends pas un vieux ;
Quand on est, comme toi, gentille,
Belle jeune fille,
L'on peut trouver mieux.
Prends plutôt un grand beau jeune homme
Qui t'adore comme
Quand on a vingt ans ;
Car, vois-tu, l'hiver et l'automne,
C'est froid, monotone...
Vive le printemps ! »
« Chère enfant, m'a dit tante Ursule,
Toute flamme brûle
Plus ou moins longtemps ;
Ici-bas passent toutes choses,
Et, comme les roses,
L'amour n'a qu'un temps.
Jeunes gens, papillons volages,
Vieux sont bien plus sages...
Prends donc un bon vieux ;
Car, au moins, si l'amour s'envole,
L'amitié console,
Cela vaut bien mieux. »
« Ah ! m'a dit un célibataire,
Le bonheur sur terre
C'est de vivre à deux ;
Vivre seul comme un égoïste,
L'existence est triste,
L'on n'est pas heureux. »
Une dame m'a dit : « Ma fille,
L'amour, la famille,
C'est très beau, vois-tu !
Etre libre, voilà la vie !
Point ne te marie...
Ah ! si j'avais su ! »
Hier, enfin, j'ai vu ma grand'mère
Qui m'a dit : « Ma chère,
Pour ces choses-là...
Va ton train, n'écoute personne ;
Fais donc, ma mignonne,
Comme il te plaira. »

J. BALDRAN.

Le Garçon d'Honneur

Monologue pour Noce

Cher ami !

Puisque c'est aujourd'hui qu'au sein de la chapelle
Tes rêves de bonheur se sont tous accomplis,
Permets à ton copain, quelque peu sans cervelle,
De te dire en leur nom l'adieu de tes amis.
L'amitié, crois-le bien, dans notre âme est innée,
Aussi, quoique charmés de te savoir heureux,
Nous maudissons tout bas cette douce hyménée
Qui va nous séparer tout en comblant tes vœux.
Tu vas rire de nous, m'appeler grosse bête,
Madame applaudira, puis je crois, entre nous,
Que vous aurez raison, car, en ce jour de fête,
La joie et le bonheur ne sont rien que pour vous.
Mais laissons tout cela, la tâche qui m'incombe
N'est pas de dévoiler nos peines, nos chagrins.
Je dois, et j'ai bien peur que ma plume y succombe,
Vous conter nos souhaits en vers alexandrins.
Ce que nous désirons par-dessus toutes choses
Pour vous, c'est le travail, une bonne santé,
De rondelets écus, de petits bébés roses
Qui possèdent de vous la grâce et la beauté.
Nous désirons aussi qu'une entente parfaite,
Un amour sans égal chez vous règnent toujours.
Quand vous aurez cela, vous atteindrez le faîte
D'où vous pourrez braver tous les plus mauvais jours.
Et vous suivrez joyeux cette longue carrière
Qu'à l'Eternel, pour vous, nous demandons encor,
Espérant que plus tard, riant du cimetière,
Nous fêterons ici vos tendres noces d'or.

(A l'époux)

Toi, que demandes-tu ?... Une femme docile !
Vingt ans !... De jolis yeux !... La tienne a tout vraiment !
Avouons, entre nous, tu serais difficile,
Si de tous ces dons-là tu n'étais pas content.

(A l'épouse)

A vous, que faudrait-il ?... Je ne sais pas !... Et dame !
Un époux gai, gentil, plein de félicité.
Il sera tout cela si vous voulez, Madame !
Ceci, je vous le dis en toute vérité.

. . . .

Bref, tous les tendres vœux que mortels puissent faire,
Nous les faisons, amis, tous pour votre bonheur,
Et nous sommes certains qu'un destin débonnaire
Les réalisera, tant ils partent du cœur.

. . . .

Ici, mes chers amis, j'arrêterai mon dire.
J'aurais dû l'abréger, et sa longueur lui nuit ;
Puis, je vois dans un coin notre époux qui soupire
Et qui redit tout bas : « Quand sera-ce minuit !... »

. . . .

Allons, gais invités, vidons tous notre verre
Et fêtons ce beau jour par un joyeux refrain,
N'oublions pas surtout que, par toute la terre,
L'amour ne doit jamais faire oublier le vin.

Louis Faure.

La Demoiselle d'Honneur

Monologue pour Noce

Mes chers amis,

Tandis qu'en ce beau jour la plus douce allégresse,
Sur tous les invités, rayonne en votre honneur,
Permettez un instant qu'à ma vive tendresse
Je donne libre cours en vous offrant mon cœur.
Au milieu des souhaits, des compliments sans nombre
Que tous deux avec joie avez dû recevoir,
A côté de cela pourquoi faut il qu'une ombre
Vienne sur ce tableau faire naître un point noir ?

(A l'époux)

C'est votre faute à vous, cher Monsieur, oui, la vôtre.
De celle qui devient votre chère moitié
Nous possédions le cœur, comme elle avait le nôtre ;
Nous l'aimions d'une franche et solide amitié.
Animé d'une foi, d'un amour sans mélange,
Depuis longtemps déjà son cœur battait pour nous ;
Voilà que pour toujours soudain le décor change,
Et son cœur désormais ne battra que pour vous.
C'est cruel, croyez-le, bien cruel, je vous jure :
De la revoir jamais sommes-nous bien certains ?
Il faut se résigner ; mais ce qui nous rassure
C'est que son bonheur est en de très bonnes mains.

(A l'épouse)

Quant à toi, chère amie, au cours de l'existence
Qui s'annonce pour toi sous un jour si charmant,
Promets-nous d'accorder à notre souvenance
Le plus que tu pourras, serait-ce un seul moment ;
Et, bien qu'on dise, hélas ! qu'en ce monde tout passe,
Je dois te dire ici quel est notre désir :
Dans ton affection garde-nous une place
Un peu, si peu que rien... ça nous fera plaisir.
Maintenant, chers amis, ayez un sort prospère,
De beaux gentils bébés vous aimant de tout cœur ;
Et, pour bien terminer, si je lève mon verre,
C'est à votre santé, c'est à votre bonheur.

J. Baldran.

Le Porte-Bonheur

Monologue pour jeune fille ou pour jeune homme

La blonde Yvonne avait le cœur gros, l'âme en peine,
Dame! tous les maris lui passaient sous le nez;
Et comme ses printemps côtoyaient la trentaine,
La pauvrette y trouvait un cheveu, vous pensez.
Elle alla confier son chagrin à sa tante.
Qui lui dit: « Pleure pas. Je comprends, mon enfant,
Tu voudrais un époux, et cela te tourmente?
Tiens, sur le guéridon tu vois cet éléphant?
Emporte-le chez toi. Talisman infaillible,
Tout ce que tu voudras il te l'accordera;
Des veuves, dont l'hymen paraissait impossible,
Ont toutes convolé grâce à ce trésor-là.
Un détail important: de temps en temps, ma chère,
Avec ton médius gratte-lui l'occiput;
Et si d'ici longtemps le Destin t'est contraire,
Que mon âme à l'instant se donne à Belzébuth! »
Certaine qu'un bonheur pour elle allait s'en suivre,
Yvonne sur-le-champ emporte l'animal;
Mais assez gros, massif, moitié plomb, moitié cuivre,
Certes pour cela faire il lui donna du mal.
Qu'importe! Tout entière à sa nouvelle idée,
Bravant les quolibets de papa, de maman,
Du frère et de la sœur, Yvonne décidée,
Dans sa chambre aussitôt place le talisman.
Puis sitôt installé, la blonde jouvencelle
S'emploie avec ferveur à suivre le conseil;
La chère enfant, bien sûr, y mettait tout son zèle,
Mais ne voyait rien poindre à l'horizon vermeil.
Pourtant, il arrivait que dans une journée
Fiévreuse, elle grattait cent, deux cents fois et plus,
A tel point qu'à ce jeu la pauvre dulcinée
Tout en usant le plomb usait son médius.
Enfin, au bout d'un an, voyant peine perdue,
Colère, elle saisit l'objet de son tourment,
Et folle, hors des gonds, le jette dans la rue;
Bientôt après, quelqu'un sonne à l'appartement.
Un jeune homme paraît, les yeux hors de la tête,
Brandissant l'éléphant: c'était lui, par hasard,
Qui, sur le couvre-chef, avait reçu la bête,
Et naturellement il était furibard.
Or, comme il menaçait d'aller au commissaire,
Voilà qu'au même instant, crac! il s'évanouit;
Yvonne est aux cent coups... un blessé! Comment faire?
Avec ménagement, on le met sur un lit.
Arrive un médecin, qui juge l'état grave:
Le malade huit jours doit rester alité;
Voilà donc pour huit jours, dévouée et très brave,
Yvonne transformée en sœur de charité.
Le résultat final, sans peine, on le devine:
Bientôt rétabli, grâce à des soins empressés,
Le blessé demanda la main de l'héroïne,
Et quelques jours après ils étaient fiancés.
Enfin, un mois plus tard, le jour du mariage,
Au banquet nuptial se dressait triomphant,
Sur un socle garni de fleurs et de feuillage,
Le talisman susdit, le fameux éléphant:
« Eh bien! mes amis, dit la bonne vieille tante,
Cela fait dix-neuf, et... ce n'est pas le dernier;
Seulement pour qu'il puisse aller jusqu'à trente,
Je vais lui faire faire un occiput d'acier.
De cette façon-là, demoiselles et veuves
Pourront frotter, gratter, pour atteindre leur but;
Sinon le cher trésor aux prochaines épreuves,
Du train où l'on y va, n'aurait plus d'occiput. »

J. Baldran.

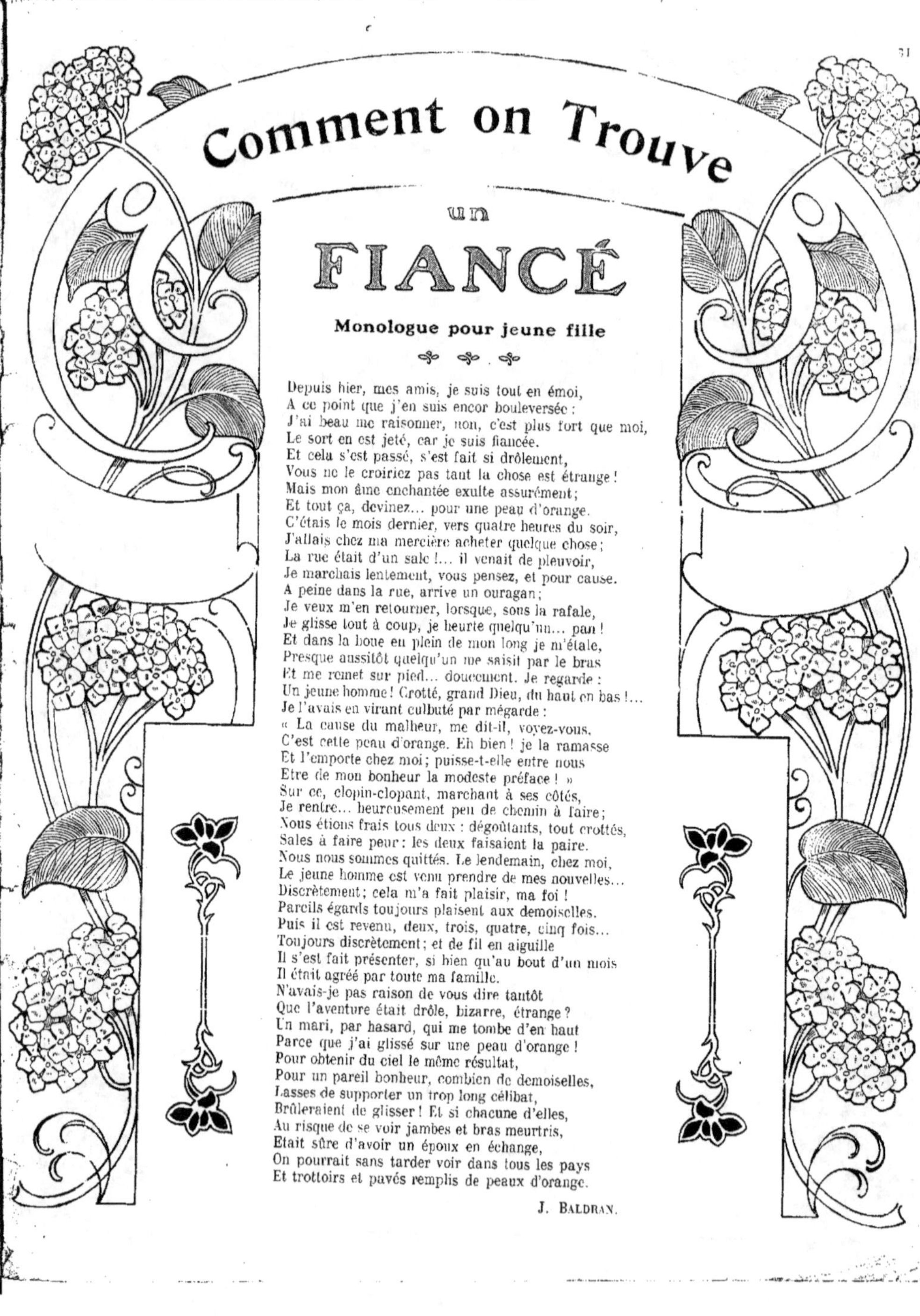

Comment on Trouve un FIANCÉ

Monologue pour jeune fille

Depuis hier, mes amis, je suis tout en émoi,
A ce point que j'en suis encor bouleversée :
J'ai beau me raisonner, non, c'est plus fort que moi,
Le sort en est jeté, car je suis fiancée.
Et cela s'est passé, s'est fait si drôlement,
Vous ne le croiriez pas tant la chose est étrange !
Mais mon âme enchantée exulte assurément ;
Et tout ça, devinez... pour une peau d'orange.
C'étais le mois dernier, vers quatre heures du soir,
J'allais chez ma mercière acheter quelque chose ;
La rue était d'un sale !... il venait de pleuvoir,
Je marchais lentement, vous pensez, et pour cause.
A peine dans la rue, arrive un ouragan ;
Je veux m'en retourner, lorsque, sous la rafale,
Je glisse tout à coup, je heurte quelqu'un... pan !
Et dans la boue en plein de mon long je m'étale,
Presque aussitôt quelqu'un me saisit par le bras
Et me remet sur pied... doucement. Je regarde :
Un jeune homme ! Crotté, grand Dieu, du haut en bas !...
Je l'avais en virant culbuté par mégarde :
« La cause du malheur, me dit-il, voyez-vous,
C'est cette peau d'orange. Eh bien ! je la ramasse
Et l'emporte chez moi ; puisse-t-elle entre nous
Etre de mon bonheur la modeste préface ! »
Sur ce, clopin-clopant, marchant à ses côtés,
Je rentre... heureusement peu de chemin à faire ;
Nous étions frais tous deux : dégoûtants, tout crottés,
Sales à faire peur : les deux faisaient la paire.
Nous nous sommes quittés. Le lendemain, chez moi,
Le jeune homme est venu prendre de mes nouvelles...
Discrètement ; cela m'a fait plaisir, ma foi !
Pareils égards toujours plaisent aux demoiselles.
Puis il est revenu, deux, trois, quatre, cinq fois...
Toujours discrètement ; et de fil en aiguille
Il s'est fait présenter, si bien qu'au bout d'un mois
Il était agréé par toute ma famille.
N'avais-je pas raison de vous dire tantôt
Que l'aventure était drôle, bizarre, étrange ?
Un mari, par hasard, qui me tombe d'en haut
Parce que j'ai glissé sur une peau d'orange !
Pour obtenir du ciel le même résultat,
Pour un pareil bonheur, combien de demoiselles,
Lasses de supporter un trop long célibat,
Brûleraient de glisser ! Et si chacune d'elles,
Au risque de se voir jambes et bras meurtris,
Etait sûre d'avoir un époux en échange,
On pourrait sans tarder voir dans tous les pays
Et trottoirs et pavés remplis de peaux d'orange.

J. BALDRAN.

Les six Fiancés à l'épreuve

Monologue

Miss Tigry, la jolie et blonde Américaine,
Avait six fiancés brûlant pour ses beaux yeux,
Lorgnant de ses millions la magnifique aubaine,
Et de tous ses attraits ardemment amoureux !
L'un se nommait Dickston, le fameux capitaine,
L'autre Jack Sandollar, le célèbre banquier,
Le troisième était Paul, vicomte de Marenne.
Le quatrième était Tom Plumif, romancier !
Le cinquième avait fait du Pôle le voyage,
Et le sixième, enfin, s'appelait Sans le-Sou;
On ne lui connaissait pas un seul avantage,
Que celui d'être pauvre et d'être épris surtout !
Or, pour faire son choix, Miss, très embarrassée,
Ne pouvait décider quel serait le vainqueur,
Quand soudain, il lui vint une heureuse pensée,
Pour voir à qui donner ses dollars et son cœur !
Un soir, elle assembla les prétendants chez elle,
Puis leur dit : « Vous m'aimez, je crois, pareillement ;
— Oh ! s'écria l'un d'eux, mourir pour vous, cruelle,
Ce serait le bonheur, je vous en fais serment !
— Nous le voulons aussi ! s'écrièrent les autres.
Notre vie est à vous ! Miss Tigry, prenez-la ! »
Regardant finement, alors, les six apôtres,
La belle répondit : « Parfait ! je comprends ça !
Je vais donc, sans tarder, vous soumettre à l'épreuve,
Sans moi, sans mon amour, auriez-vous un désir ? »
Et tous six à la fois, direnl : « Faites la preuve !
Sans vous ! Sans votre amour, nous voulons tous mourir !

— Bien ! reprit Miss, demain à cinq heures cinquante,
Venez, je vous convoque ensemble, en mon salon.
Pour vous, six revolvers y seront dans l'attente,
Vous en mettrez tous un braqué sur votre front !
Un seul doit être à blanc et cinq seront à balle,
A mon commandement, vous devez faire feu ;
Cinq de vous tomberont ! et moi, tremblante et pâle,
Je donnerai ma main au vainqueur de ce jeu !
Je fais ainsi mon choix qui vraiment m'embarrasse,
Car vos mérites sont équivalents, ma foi !
Je vous exauce aussi, car je vous débarrasse
De la vie qui serait si pénible sans moi ! »
D'un air plutôt glacé, les concurrents partirent.
Seul, Sans-le-Sou se dit : « Pour moi, je n'ai plus rien !
J'avais déjà songé deux fois à me détruire,
Donc, s'il faut en finir, qu'importe le moyen ! »
Le lendemain, il vint à l'heure ponctuelle,
Murmurant : « Nous allons nous brûler la cervelle ! »
Il trouva Miss Tigry seule et se dit à part :
« Ces Messieurs, aujourd'hui, se sont mis en retard !... »
Mais l'horloge, bientôt, vint à sonner six heures :
« Tant pis ! dit Sans-le-Sou, puisqu'il faut que je meure ! »
Il prit un revolver, sur son front l'appuya,
Puis au commandement : Un ! deux ! trois ! il tira..
Comme il restait debout, encor tremblant et blême,
« A vous ma main, dit Miss, c'est un brave que j'aime ! »
Le garçon, en riant, dit : « J'ai donc échappé !
— Parbleu ! reprit la belle, aucun n'était chargé ! »

LUCIEN COLONGE et H. PION.

En vente à "L'ALBUM MUSICAL", 4, Faubourg Montmartre, Paris

L'Album Musical

Nous avons eu l'intention de faire de cette revue un recueil qui puisse pénétrer dans la famille.

Renonçant à donner l'hospitalité de nos pages aux succès faciles du café-concert, nous ferons une sélection rigoureuse parmi les productions de nos meilleurs auteurs, compositeurs, paroliers et chansonniers, ainsi que dans le choix des artistes créateurs de leurs œuvres.

Nous arriverons ainsi à ne donner que des chansons qui méritent, par leurs seules qualités, de survivre à la mode passagère.

Les chanteurs comme les pianistes, les musiciens comme les diseurs, les amateurs de belles choses trouveront dans L'ALBUM MUSICAL une ample moisson de chefs-d'œuvre.

Notre désir est de faire de cette revue un organe de bon ton que l'on puisse laisser sur le piano ou mettre en bonne place sur la table d'un salon.

LA DIRECTION.

POLIN

Polin! Est-il un nom plus sympathique au public? Je ne le crois pas. Ces deux syllabes évoquent bien toute la bonhomie naïve et amusante du troupier français; toute l'humeur facétieuse et l'acceptation joyeuse des petites misères de la vie militaire sont admirablement rendus par cet artiste unique.

Le numéro que lui a spécialement consacré *L'Album Musical* contient tous les plus grands succès de ce sympathique artiste:

A part ça, tout va bien. — La Balance automatique. — L'anatomie du conscrit. — Un Jour de permission. — Ça vous fait quéqu'chose. — Le Troupier bicycliste. — Le Lieutenant Cupidon. — Le Moine du commandant. — Le Métier des armes. — Chantons quand même. — Ma Température. Avec un article de POLIN.

BÉRARD

Grâce à la diffusion énorme du phonographe, la voix de Bérard est aujourd'hui répandue aux quatre coins du monde. Il n'est pas un hameau de notre beau pays de France où l'on n'entende répéter maintenant les strophes vibrantes de

Amour brisé. — Le Chant de nos cloches.— En la Arena. — Rends-moi mon cœur. — Ruban d'honneur. — Marche à la gloire. — Plus de guerres. — Idylles fragiles. — Pour toi. — Le Nid. Préface de Jacques d'AUZON.

Ce sont ces chansons, aujourd'hui célèbres dans le monde entier, que *L'Album Musical* a pu réunir, grâce à d'énormes sacrifices d'argent, dans un recueil splendide que voudront posséder tous les amateurs de chansons bien écrites pour la voix.

DALBRET

Qui ne connaît le nom de Dalbret?

Si, à l'instar de nos confrères, les grands quotidiens, nous organisions un concours pour établir quel est — non pas l'aviateur favori du public, — mais son chanteur préféré, nous sommes sûrs que Dalbret tiendrait l'une des toutes premières places dans l'ordre des préférences indiquées par la voix populaire.

Le succès de Dalbret est dû autant à ses rares qualités d'interprète qu'à ses chansons toujours choisies avec un goût très sûr. Aussi tous ceux qui chantent, tous ceux qui aiment les chansons bien écrites et finement musiquées voudront-ils posséder le remarquable recueil des plus grands succès de Dalbret:

Le Beau Polichinelle.— Le Petit Sous-marin. — Maison de retraite. — Napolitana. — Pauvre France. — Le Petit Ballon rouge.— Sauvez nos matelots. — La Question des Retraites ouvrières. — Le Déserteur. — Cœur d'Enfant. Préface de Jacques d'AUZON.

LEJAL

Tous les grands établissements de Paris ont tenu à avoir Lejal. C'est ainsi qu'il fut applaudi à l'Eldorado, aux Ambassadeurs, aux Folies-Bergère, à la Scala, où il rendit populaires quantité de refrains qui chantent encore dans toutes les mémoires:

Le Torchon brûle. — Les Bienfaits du Régiment. — Ça paraît un Monde. — Les Veines. — Ma Femme travaille.— La Vie moderne.— Pour être garçon d'honneur. — C'est du Progrès. — La Marche des Cambrioleurs. — Quand on a travaillé. Préface de Jacques d'AUZON.

Ce sont précisément ces chansons célèbres dont tout le monde connaît tout au moins le titre et quelquefois le refrain que *L'Album Musical* publie in extenso avec l'accompagnement de piano.

Vient de paraître :

JUNKA

L'Homme est un Pantin — La ronde des Baisers — Supplications d'Enfant
Le Retour du Napolitain — Bébé s'éveille — Si vous vouliez — Encor... veux-tu?
Lettre d'adieu — Sa Muguette — Nina

❊ ❊ ❊

Karl DITAN

Les Larmes - La Grise - Noël du moussaillon - Sa grande sœur
C'est un frisson qui passe - Va! petit marsouin
La dernière lettre - C'est pas mon affaire - Chaîne d'amour - Les Mains

Chaque ALBUM de 10 chansons (32 pages PIANO et CHANT) avec magnifique couverture en couleurs. 1 franc

134 24 3

LE NUMÉRO : 50 CENTIMES

LE PIANO

Henri LE POINTE
Rédacteur en chef

REVUE MENSUELLE ILLUSTRÉE
G. DAMBUYANT
Directeur Artistique

Joseph VIDAL
Rédacteur technique

ABONNEMENTS :
Paris et Départements : Un an. 6. »
Étranger 7.50

ADMINISTRATION :
4, Faubourg Montmartre, 4
PARIS

UNE NOUVEAUTÉ INTÉRESSANTE

Nous ne voulons pas refaire ici l'historique du « PIANO », dont le succès a été consacré par cinq années d'existence. Nous tenons, par contre, à prévenir nos lecteurs de sa transformation complète.

Mieux que Frégoli, il a voulu changer de genre en même temps que de costume! Il prend un nouvel aspect, une nouvelle rédaction, un autre directeur, bref, il rajeunit ses cadres!

Il ajoute à son programme, déjà si vaste, la publication mensuelle :

1° D'un morceau spécialement écrit pour ses clients et signé d'un compositeur moderne en renom qui soulignera par des annotations et des commentaires personnels l'interprétation de sa pièce musicale ; le portrait de ce compositeur paraîtra en 1re page, accompagné d'une notice biographique ou d'une étude documentaire sur ses travaux ;

2° D'un morceau, d'une danse, ou d'une scie à la mode, facile à jouer et à retenir ;

3° D'œuvres inconnues de maîtres célèbres, toujours choisies pour les véritables artistes comme pour les amateurs, en évitant — en vue de ces derniers, — la trop grande aridité des classiques purs ;

4° D'airs et rondes populaires des vieilles provinces de France et des pays étrangers.

Le texte de chaque numéro comprendra, sous le titre de Plus ça change..., *une fantaisie de Charles de Bussy, ayant trait soit à une manie de pianiste, soit à un curieux épisode de sa vie d'artiste ; la relation impartiale de tous les spectacles lyriques et grands concerts du mois ; des études rétrospectives, des curiosités musicales, etc...*

Me André Barthélemy, docteur en droit, avocat à la Cour, s'est, en outre, chargé de la chronique judiciaire relative au piano, c'est-à-dire qu'il renseignera nos lecteurs sur les difficultés que l'on peut avoir avec son propriétaire ou ses voisins à l'occasion d'études musicales trop prolongées ou tardives et qu'il leur indiquera le moyen de régler ces différends.

En un mot, notre but est celui-ci : instruire, distraire et *c'est aussi :* constituer une bibliothèque musicale intéressante, choisie, variée et à très bon marché, *puisqu'en effet nous aurons donné, au bout de l'année, environ 150 pages de musique, représentant une valeur totale de plus de 100 francs.*

Toutes les pièces que nous publierons auront leur beauté, leur intérêt ou leur curiosité. Nous prendrons le soin d'éliminer les morceaux trop longs ou trop difficiles et « LE PIANO » sera la publication familiale *par excellence, puisqu'il sera à la portée de tous et qu'il pourra être mis entre les mains de chacun.*

SOMMAIRES des deux premiers Numéros :

N° 1. Paul VIDAL

Deux Pages d'Album (inédites)	PAUL VIDAL
Consolation	MENDELSSOHN
1re Marche militaire (composée pour le mariage du duc d'Orléans)	ROSSINI
Le vrai pas de l'Ours	GRACEY et NIKELMANN
Air de Chasse	SCHUMANN
Trois Bourrées d'Auvergne	X...

N° 2. Joseph RICO

Le célèbre auteur de **J'ai tant pleuré**, de **Pardon**, de **Tu ne sauras jamais**, de **Je croyais t'aimer**, etc.

Serenata Napolitana	JOSEPH RICO
Marche de Fête	BEETHOVEN
Sous l'Aigle double	J.-F. WAGNER
Gavotte	LULLI
La Mattchiche brésilienne	M. GRACEY
Trois vieilles chansons gasconnes	X...

Plus ça change, par CH. DE BUSSY. — *Chronique documentaire*, par ARTHUR POUGIN. — *Le Piano devant le tribunal*, par Me ANDRÉ BARTHÉLEMY *Poésies. — Les Premières Musicales. — Les Grands Concerts*, etc.

www.ingramcontent.com/pod-product-compliance
Lightning Source LLC
LaVergne TN
LVHW021642170726
843501LV00007B/2374
9782329650746